2020年世界大恐慌

The Great Depression of 2020

——資産家は恐慌時に生まれる——

浅井隆

第二海援隊

プロローグ

〝史上最大の経済事件〟は目前だ

あのリーマン・ショックから、ちょうど一〇年目にあたる二〇一八年。その年明け早々の二月上旬、世界中がヒヤッとする出来事が起きた。株の大暴落と人民元の急落だ。

しかし、これは単なる「前兆」にすぎない。「本番」は、二〇一九年後半〜二〇二〇年にやってくる。なぜ、それがやってくるのか。そして、どのくらいの規模になるのか。何をやれば助かるのか。

それを明らかにするのが、本書の目的である。

やはり、すべての始まりは二〇〇八年のリーマン・ショックだったのだ。全金融システム崩壊の可能性さえあったあの事件において、全世界の政府と中央銀行は世界恐慌を防ごうと前代未聞の行為に打って出た。政府による財政出動と、中央銀行による大規模な金融緩和だ。それによって即死は免れたが、世界経済は生命維持装置を付けられ、瀕死の状態から少しずつ息を吹き返し始めた。しかし、その間打ち続けた強力な麻薬（史上まれに見る大規模な金融緩和）の副作用が、思わぬところに現れてきた。世界中の個人も企業もその間の低金利をよいことに、とんでもない額の借金を積み上げてしまったのだ。

さらに、不動産も株もバブル化した。その間に中国の地方政府や銀行が抱える不良債権は、マグマのようにたまり続けた。今や世界中で株、不動産、美術品などがバブル化し、債務は低金利のおかげで史上最大のレベルに到達した。金利はいつか必ず上がり、バブルはいつか必ず崩壊する。そしてその時、天文学的債務が逆回転したら、世界経済は一瞬にして吹き飛び、大恐慌がやってくる。今、バブル化している仮想通貨なども、文字通り〝まぼろし〟と消えてしまう。

次にやってくる危機は、あのリーマン・ショックをも上回る史上最大の経済事件となる可能性が高い。しかも、その到来は何年も先の遠い将来のことではないのだ。

本書を読まれた方は、命が惜しければ今すぐ資産防衛に動くべきだ。さもないと全財産を失うことになる。本書の至るところに、サバイバルのためのヒントが書かれている。ぜひ注意深く読まれて、生き残りのための正しい手を打とう。さらに巻末二三八ページには、より詳しい情報入手の手段も書いてあるのでお目通し願いたい。

では、本書のアドバイスを元に、読者が二〇二〇年の大恐慌を生き残られることを祈って本論に入ることにしよう。

二〇一八年五月吉日

浅井　隆

2020年 世界大恐慌――――――目次

第二章　バブル狂騒曲
――不動産、株、ビットコイン、美術品……

第三章　二〇〇六〜二〇〇九年、リーマン・ショック前後に起きたこと

第六章　資産家は恐慌時に生まれる!!

エピローグ

※注　本書では一ドル＝一一〇円で計算しました。

第一章

世界は火種に覆われている

——いよいよ恐慌の幕があく

爆発寸前のバブル

「米国株が一月二六日に天井を付け、今後最大で五〇％の下落が見込まれるようなすう勢的下げ相場の入り口に立っている」（二〇一八年三月二八日付英ロイター）。米シカゴ大学のボブ・アリバー教授は、こう断言した。「極端な弱気論」とロイターが指摘するアリバー教授は、米NYダウ平均が史上最高値（二万六六一六・七六ドル）を付けた一月二六日が、正真正銘の天井だと考えている。

本項執筆時点（二〇一八年四月）で米国株が趨勢的な下落局面にあるかは議論の余地があるものの、現在が世界的な資産バブルの最終局面だという認識は私も同じだ。弱気筋の中には、より極端な予告をしている者もいる。

「ベテラン投資家のジム・ロジャーズ氏（七五）は、株式の次の弱気相場について、これまでのいかなる下降局面よりも深刻なものになるとの見通しを明らかにした」（米ブルームバーグ二〇一八年二月九日付）。かねてから将来的な世界経済の破綻を予想してきたロジャーズがもっとも重要視している指標は、世界中で増え続けている〝債務〟だ。国際金融協会（ＩＩＦ）によると、二〇一七年末時点における世界全体の総債務は二三七兆ドル。一〇年前に比べて七〇兆ドルも増えた。世界ＧＤＰ（国内総生産）の合計に対する比率は、三一七・八％。ＩＩＦの発表には、極めて深刻な数字が並んでいる。

「再び弱気相場に入る時は、人生最悪のものとなろう。債務はあらゆる場所に存在し、今やさらに大きく増えている」――ロジャーズは、前出ブルームバーグのインタビューにこう答えた。ただし、同氏はすぐに下落相場が来るとは踏んでいない。二〇一八年四月五日付の豪ファイナンス・ニュース・ネットワークでは、「市場はあとひと上げし、それが最後の上げになる。これは大きな上げになるかもしれないが、最後の上げになる。そして今年か来年、弱気相場に突入する」と発言している。

私もこの見方に同調する。アリバー教授はすでに下落局面に突入したと言っているが、おそらく相場はまだ上がるだろう。しかし、それが長く続くことはない。早ければ二〇一九年、遅くとも二〇二〇年には資産価格の深刻な下落が現実のものとなるだろう。

「危機は別な顔をしてやって来る」という格言の通り、次の危機が何をきっかけに起こるかを予期するのは難しい。しかし、言い換えると火種はあちらこちらにくすぶっている。現在、マクロ系の投資家が注目しているのは「ＨＩＥＥＲ」（ヒア）だ。これはみずほ総研で市場調査部長を務める長谷川克之氏が考案した造語で、かなり高い確率でバブル状態にあると考えられている「ハイイールド（High Yield）債」「ＩＴ銘柄（FAANG〈フェイスブック、アップル、アマゾン、ネットフリックス、グーグル〉＋α）」「ＥＴＦ（上場投資信託）」「新興国市場（Emerging）」「不動産（Real Estate）」から頭文字を取ったものである。

ハイイールド（High Yield）債の恐怖

まずハイイールド債だが、これは信用力の低い会社の発行した債券のことだ。

世界の債務額

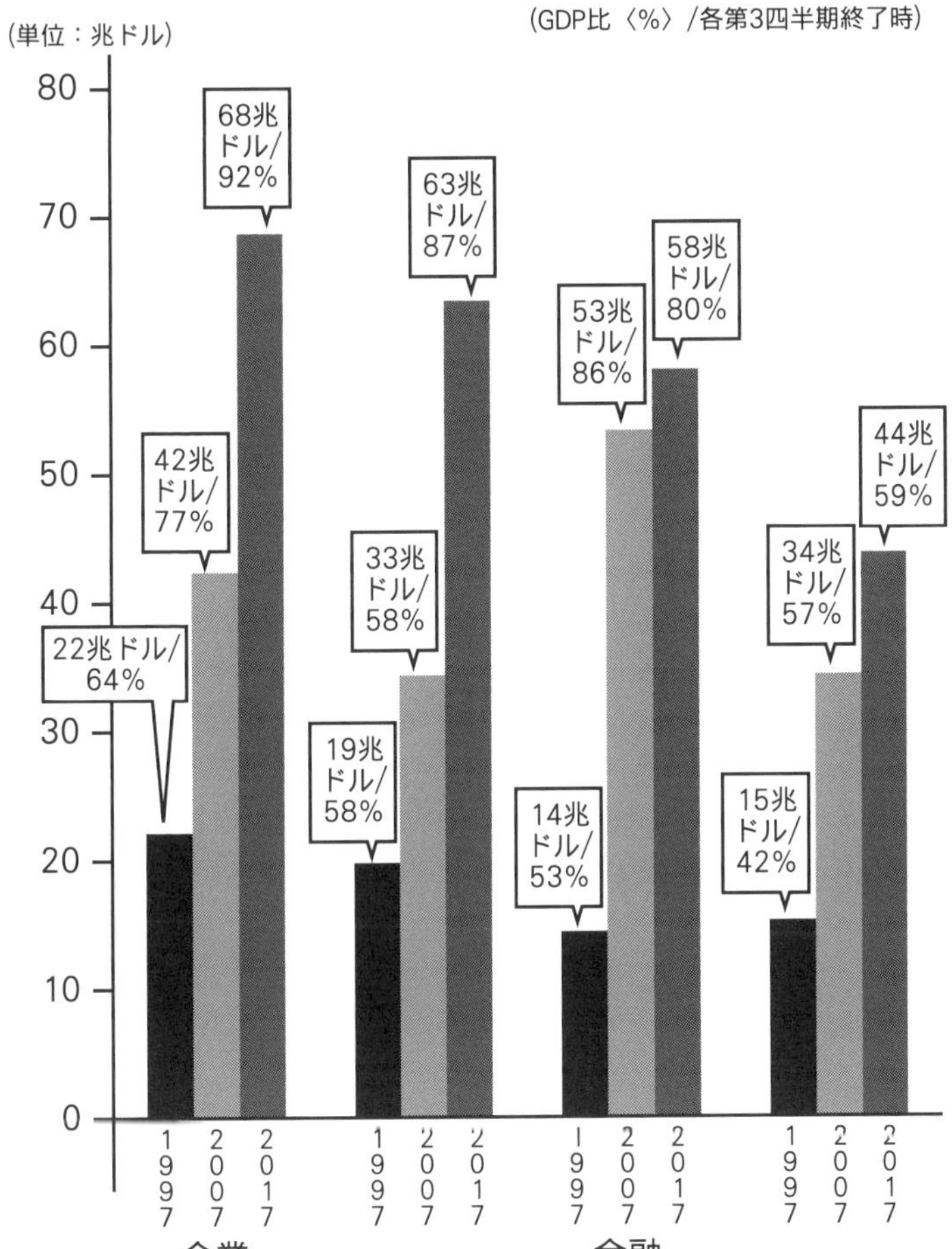

出所：国際金融協会

いずれ破綻するかもしれない会社の債券など本来であれば投資家から敬遠されるが、昨今の低金利によってこの危なっかしい債券が飛ぶように売れている。

「かつては誰がどの程度のコストで借りられるかについて限界があったが、それらは消失した。以前は容認できなかった条件もファンドマネージャーが受け入れるからだ」（米ウォールストリート・ジャーナル二〇一八年二月一日付）。

債券が買われると利回りは低下するが、多くの投資家がハイイールド債に殺到した結果、多くのハイイールド債の利回りは米国債に接近している。すなわち、信用力に見合った価格で取引されていない可能性が高い。完全にジャンク債ブームの様相を呈している。「信用力の低い企業の社債（ハイイールド債）市場では利回り圧縮が進み、投資家がデフォルトリスクに対して極めて不十分な見返りしか得られない段階に達した」――二〇一八年二月七日付の英フィナンシャル・タイムズはこう警鐘を鳴らす。

このハイイールド債の大きな特徴は、危機の際に真っ先に売られることが多いという点だ。「ハイイールド債が急落」などといったヘッドラインを目にした時は、率直に言って身構えた方が良い。二〇一八年二月五日の週に世界的に株価が下落した際、二月七日までの一週間で投資家はハイイールド債ファンドから五〇億ドル以上の資金を引き出した。米ウォールストリート・ジャーナル（二〇一八年二月一二日付）は、これを「危険な兆候の一つ」と報じている。

米運用大手グッゲンハイム・パートナーズのスコット・マイナード最高投資責任者（ＣＩＯ）は、米ブルームバーグ（二〇一八年三月一五日付）のインタビューに対し、今後の見通しとして「ハイイールドと投資適格級社債は『売り』」だと断言した。またその六日後には、グッゲンハイム自身もハイイールド債などから「手を引きつつある」（米ブルームバーグ二〇一八年三月二一日付）と明かしている。マイナード氏はその理由として、「金利上昇とリセッション（景気後退）の到来」を挙げた。同氏は、九〇％以上の確率で二〇一九年の終わりか二〇二〇年に米国がリセッション入りすると予想しており、その過程の金利の上昇によってデフォルトに陥る企業が増えると見通す。「前回のリセッションでデフォルトや破綻を回避できた企業が、今回も同様の幸運に恵まれるとは限らない」(同前)。

ジャンク債ブームは社債に留まらない。恩恵はジャンク(投機不適格)級の国家にもおよんでいる。二〇一七年六月にはアルゼンチンが一〇〇年債を発行し、同年九月には中央アジアのタジキスタンが債券市場にデビューし、同年一〇月にはあのギリシャが債券市場への復帰を果たした。タジキスタンの格付けは投資適格を六段階も下回っていたが、それでもリターンを追求する投資家の旺盛な需要に支えられ、五億ドルもの資金調達に成功している。

新興国の間では、金利が低い間に償還期間が長めの債券を発行する動きが顕著だ。トムソン・ロイターのデータによると、新興国における償還期間三〇年以上の国債発行残高は二〇一七年末時点で一九一〇億ドルと、過去五年で三倍に膨らんでいる。二〇一七年一一月にはマイナス成長に喘ぐナイジェリアが、二〇一八年に入るとケニアやセネガルといったフロンティア国が、いずれも初めて三〇年債の発行に踏み切り資金調達に成功した。「HIEER」(ヒア)の名付け親である長谷川克之氏は、「新興国が国際市場で発行する債券の年限は通

利上げと共に崩壊してきた株式バブル

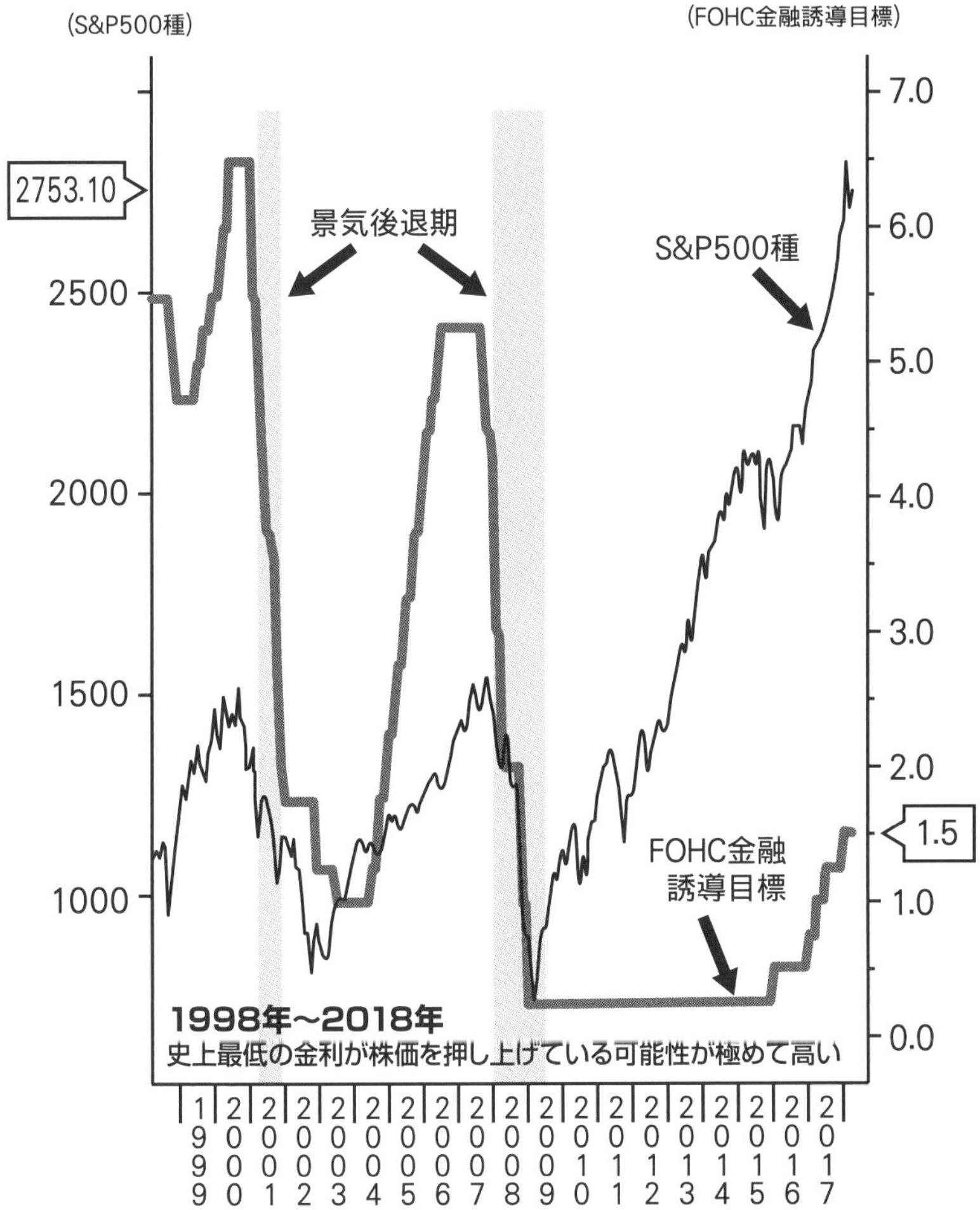

出所：ブルームバーグ

常五年程度で、三〇年債以上を発行できるのは異例。それほど投資家からの高金利商品への需要があることの裏返しでは」（週刊エコノミスト二〇一八年一月二・九日号）と指摘する。

常識的に考えれば、デフォルトの常連である（過去二〇〇年で七回もの債務不履行を起こした）アルゼンチンが発行した一〇〇年債を買うことなど、正気の沙汰とは思えない。かつての債券市場には自警団のような存在がいて、発行体が計画性のない起債をした時などは債券を売って（金利を上昇させて）警鐘を鳴らした。その当時と比べて、最近の債券市場は明らかに狂っている。たとえ債券市場に売りが出ても、量的緩和の看板を背負った中央銀行や低金利下でリターンに飢えた投資家の押し目買いが入る。そんな彼らには、こんな異名が付いた――イールド・ハンター（金利を狩る者）と。

こうした構図は、株式や不動産でも起こっている。日本にいるとあまり実感できないかもしれないが、世界のクレジット市場（信用リスクを内包する商品が取引される市場）は、ズバリ狂騒状態だ。

ＩＴ銘柄（FAANG＋α）の狂騒

狂騒状態は、クレジット市場だけでなく株式市場にもおよんでいると考えた方が良い。依然として史上最高値を更新できないでいる日経平均株を別にすると、多くの国で史上最高値の更新が相次いでいる。

たとえば米Ｓ＆Ｐ５００種は、リーマン・ショックの翌年の二〇〇九年三月九日に付けた安値（六七六・五三ポイント）から二〇一八年三月までにおよそ三〇五％もの上昇を記録。この間、二〇％以上の調整（下落）を一度も経験せずに史上最高値を更新し続けた。二〇一七年の一年間だけでＳ＆Ｐ５００種とＮＹダウ平均は、それぞれ五〇回以上も史上最高値を更新している。

米国株と並ぶように、ドイツや英国、カナダ、韓国、タイ、マレーシア、ベトナム、インド、ブラジルなどの株式市場もこの一〇年間で史上最高値が更新されている。その結果、世界の株式時価総額はリーマン・ショック時の約二六兆ドルから二〇一七年末には九三兆ドルにまで膨らんだ。

中でもバブルの疑念を強く持たれているのが、米国株である。とりわけ昨今の強気相場をけん引して来たハイテク・セクターには注意が必要だ。二〇一八年二月末時点でS＆P５００種の時価総額に占めるハイテク銘柄の比率は約二五％。主要ハイテク五銘柄（アップル、マイクロソフト、アマゾン、アルファベット、フェイスブック）だけで時価総額の一四・四％を占めている。FAANG（フェイスブック、アップル、アマゾン、ネットフリックス、グーグル）の時価総額は、二〇一七年一二月時点で二・六兆ドルと英国経済より大きい。

二〇一八年四月三日付の米バロンズ誌は、先のサブプライム・バブルのピーク（二〇〇六年末）時点でその当時に絶好調であった金融セクター株がS＆P５００種の時価総額に占める割合が約二一％まで高まったことを引き合いに、一つのセクターに過度に投資するリスクについてこう警鐘を鳴らしている――「（金融株が）その後どのような結末を迎えたかはご承知の通りだ」。

余談だが、今世紀初頭に崩壊したドットコム・バブルのピーク時におけるハイテク・セクターのそれは三四％、一九八〇年代の原油バブルの際は、エネルギー・セクターが時価総額（S＆P500種）の三〇％を占めるに至っている。これはすなわち、絶好調のセクターが株式時価総額の大部分を占めるようになった時こそが、バブルの最終局面だということだ。

「九〇年代後半のドット・コム株に対する人々の崇拝ぶりは、FANG（注：記事はAが一つ）株に魅了される現在の姿に置き換えられる」（二〇一八年三月二九日付日本経済新聞）。米ロイトホルト・ウィーデン・キャピタル・マネジメントのチーフ投資ストラテジストであるジム・ポールセン氏は、現在のハイテク・セクターの株高と先のドットコム・バブルに共通点を見いだした。同氏は二〇一七年末に「来年のどこかで株価には一〇―一五％の調整が入る」と予測。その後、二〇一八年二月に株価が急落したため、注目を一手に集めている。

ポールセン氏は、株式だけでなく各種資産のストレスを広く反映する指標「マーケッツ・メッセージ・インディケーター」を考案した人物だ。米ブルームバーグ（二〇一八年四月四日付）によると、そのマーケッツ・メッセージ・インディケーターは二〇一八年一月に過去四〇年でもっとも高い水準に分類される指数を記録。その後に株が急落したが、同氏は株式だけに留まらず「さまざまな金融市場で亀裂が生じ始めている」と指摘、ありとあらゆる市場が「前方注意」だと論じた。

ところで、私は何もアマゾンなどのハイテク大手がバブル崩壊で潰れるなどと言いたいのではない。実際、ドットコム・バブルの時代に株価が暴騰したシスコ、インテル、マイクロソフト、クアルコムのハイテク企業は現在でも君臨している。アマゾンに関して言うと、私はどこかの時点でアマゾンの時価総額がアップルを抜いて世界一の企業になると踏んでいる。アマゾンは、二〇一七年に収益の柱である有料の〝プライム会員〟の数が一億人を超えたと先に発表したが、それでもEコマースの世界市場（中国を除く）における同社のシェアは五％に満たない。この数字は、まだまだ伸びるだろう。また、もう一つの柱であるクラウドコンピューティング・サービスの分野も有望だ。

しかし、将来が有望だとしても二〇一八年三月現在の同社の株価収益率（P

CIMQ vs FANG

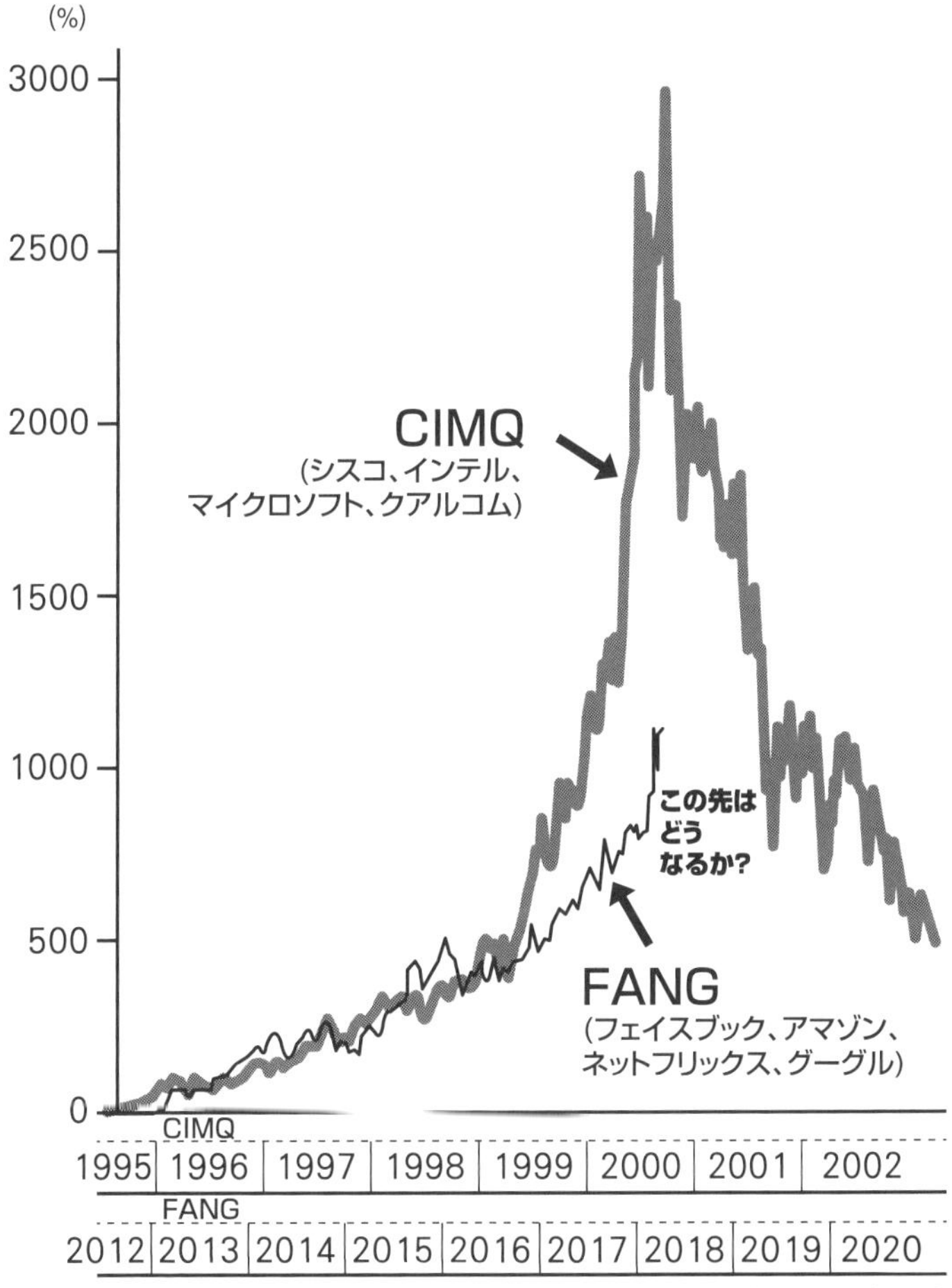

出所：ブルームバーグ

ＥＲ）は三〇〇倍であり、これはさすがに高すぎる。現在でも存在感を放つＩＢＭでさえドットコム・バブル崩壊で株価が暴落したように、バブル化しているアマゾンの株価が急落しても何ら不思議ではない。ＦＡＮＧのビジネス・モデルに異論を挟むつもりはないが、単純な話、「それでも高すぎる」のだ。

膨張するＥＴＦ（株価指数連動型上場投資信託）

「金融界を支配するまでに成長してきた」――米ウォールストリート・ジャーナル（二〇一八年一月二三日付）は、近年になり投資家から絶大な支持を集めてきたＥＴＦ（上場投資信託）をこの一言で形容する。

反面、リターンの低迷と高額の手数料を主因にヘッジファンドに代表されるアクティブ運用（Ｓ＆Ｐ５００種や日経平均株価といったベンチマークを上回るリターンを目指す運用手法）は、投資家から敬遠されるようになった。パッシブ運用（ベンチマークに連動するリターンを目指す運用手法）の代表格であるＥＴＦは、手数料が安く少額から投資ができ、何よりわかりやすい。

「当初はスタンダード・アンド・プアーズ預託証券トラストと名付けられ、ＳＰＤＲまたは『スパイダー』のニックネームで知られた最初のＥＴＦは、Ｓ＆Ｐ５００種の全構成銘柄を一つの株式にまとめることで投資家が簡単に広範な市場へとアクセスすることを可能にした」（同前）。そう、ＥＴＦを使うことで投資家は、Ｓ＆Ｐ５００種だけでなく日経２２５などのインデックス（指数）を上場された株の一銘柄として売買できるようになったのである。まさに画期的なことだ。現在では、その対象が金（ゴールド）などの商品先物、オプション戦略、そしてＶＩＸ指数（Ｓ＆Ｐ５００種の値動きの激しさを示す指数）にまで広がっている。

前出のウォールストリート・ジャーナルによると、現在、世界には七二〇〇本近いＥＴＦ商品があり、時価総額は四・八兆ドルだ。二〇一七年には米国だけでＥＴＦに四六六〇億ドルもの資金が流入している。前年比で六一％という驚異の激増ぶりだ。米国のＥＴＦ部門の時価総額は、三・四四兆ドルと二〇〇九年の〇・七八兆ドルからおよそ八倍にまで膨らんでいる。

「ＥＴＦは基本的に順張りで、市場全体に連動する金融商品なので、ウェートが高まれば相場は一方向に振れやすくなる。ＥＴＦ人気が、株式市場のバブルを後押ししている側面もあります」（ハーバー・ビジネス・オンライン二〇一七年一二月七日付）。前出のみずほ総研の長谷川克之氏は、こう指摘する。前述したように二〇一七年だけでＳ＆Ｐ５００種は五〇回も史上最高値を更新しているが、ＥＴＦへの資金流入が株高を後押ししていることは間違いない。むしろ二〇一七年に米国だけでＥＴＦに四六六〇億ドルもの資金が流入した理由の一つには、投資家のＦＯＭＯ（Fear of Missing Out ＝好機を逃すことへの不安）があったはずだ。ＥＴＦは個別銘柄を物色する必要がないため、上昇相場に手っ取り早く参入できる。

一方で、過度に膨らんだＥＴＦへの不安も拭えない。著名投資家のウォーレン・バフェットが一目置いていることで知られる、運用資産規模一〇〇〇億ドルの米投資会社オークツリー・キャピタル・マネジメントの創業者ハワード・

マークス氏は、英フィナンシャル・タイムズ（二〇一七年八月一三日付）でETFの流動性に対する懸念を表明、本格的な弱気相場が到来した時にETFが本当に売却できるか否かに疑問を投げかけている──「ETFの十分な流動性が、まだベアマーケット（弱気相場）で試されたことがない」。

他方、ETFは日本の株式市場でも問題視されている。それは、日銀が金融緩和の名の下に買い入れてきた多額のETFをどのように処理するのか、という問題だ。日銀は二〇一〇年にETFの買い入れを開始、当初は年間四五〇〇億円だったが、二〇一三年四月に黒田東彦氏が総裁に就任すると年間一兆円に増額、さらに二〇一四年一〇月のハロウィン緩和で年間三兆円に、そして二〇一六年七月には年間六兆円にまで増額されている。結果的に日銀のETF保有残高は、現時点で二四兆円にまで増えた。日本株全体の四％を日銀が保有している、ということになる。

たかが四％かと思うかもしれないが、市場で日銀の存在はクジラ（巨大な存在）と呼ばれており、深刻なモラルハザード（倫理の欠如）を生んでいるという指摘も多い。日本株の下落局面で日銀の買いが入るため、下値が不当に抑えられているのではないかという懸念だ。実際、二〇一八年三月に日本株が変調した際に、日銀は月間で過去最高となる八三三三億円の買いを入れている。仮に日銀の買いがなければ、日経平均が一時的に二万円を割り込んだ可能性も否定できない。

米国のETF膨張も日銀によるETF購入も、真に試されるのは本格的な下落局面に差し掛かった時だろう。前者は流動性に疑念が生じる可能性があり、後者はさらなるモラルハザードが生じる可能性がある。

新興国市場（Emerging）はどうなっているのか

「新興国の株や債券は、足元でいったん買い戻されているが、米長期金利の上昇基調が鮮明になれば、かなり危い展開になるリスクがある」（二〇一八年二月一九日付英ロイター）。リーマン・ショック以降、停滞に喘ぐ先進国を尻目に多

日銀のETF買い入れ

出所：ブルームバーグ

くの新興国は着実な成長を遂げてきた。しかし一方で、株式や不動産などで過熱感が見られる地域も多く存在する。前述したように、韓国、タイ、マレーシア、ベトナム、インド、ブラジルといった国の株価がリーマン・ショック以降に史上最高値を更新した。同期間に新興国に流入した資金は四兆ドルにのぼる。

新興国市場に過熱感が広がる中、米国の利上げに端を発した先のアジア通貨危機に思いを馳せたい。当時は一九九四年の米国の利上げをきっかけとしたメキシコの〝テキーラ・ショック〟（メキシコ人が好むテキーラに多くの人が酔っている、すなわち危機が他国に伝播する様子から命名）を皮切りに、一九九七年にはタイ・バーツ、インドネシア・ルピア、マレーシア・リンギットなどの新興国通貨がヘッジファンドから攻撃を受けて暴落した。

新興アジア発の通貨危機は日本のお隣の韓国にまで飛び火し、最終的には韓国とタイ、そしてインドネシアの三ヵ国にＩＭＦ（国際通貨基金）が介入している。その翌年には、ロシアとアルゼンチンがデフォルトに瀕した。

二〇一五年末に始まり二〇一六年末から本格的に始まった今回の米国の利上

新興国の株価インデックス（MSCI）

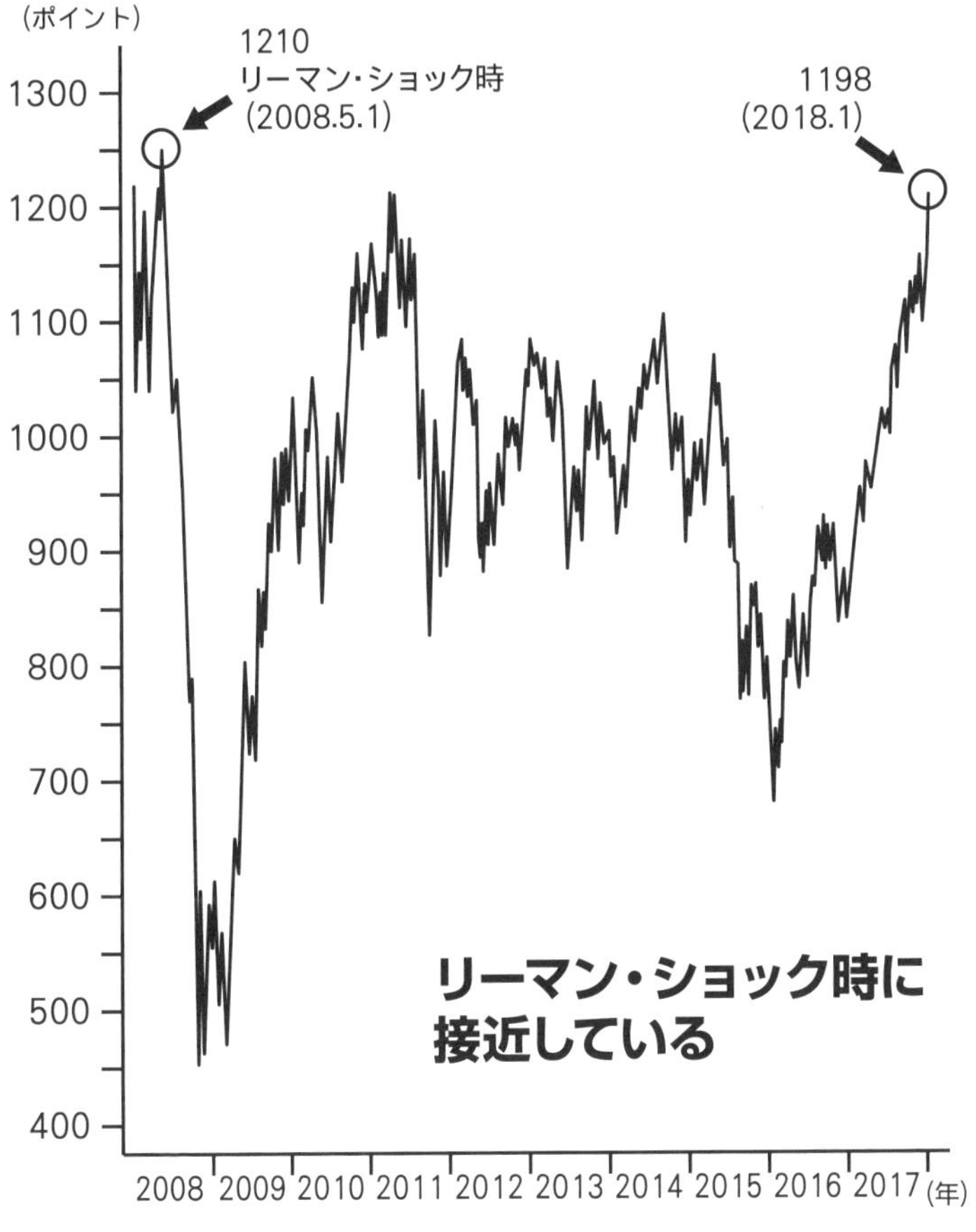

出所：ブルームバーグ

げ局面でも同様の事態が起きないとは言えない。「新興国市場はドル建てで多額の借り入れをしており、ドルが急騰すれば脆弱になる」(米ウォールストリート・ジャーナル二〇一八年三月一五日付)。とはいえ、現在の新興国経済は一九九〇年代に比べて強固だ。最大の違いは新興国の多くが経常黒字を確保している点で、さらに危機時の防波堤となる外貨準備を多くの国が保有している。

ただし、債務という点では当時よりも状況は深刻だ。「一九八〇年代と九〇年代の経済危機のときより新興国債務は大幅に減った。しかし、二〇〇八～〇九年の世界金融危機以降は増加傾向にある。国際金融協会(IIF)によると、新興国二一カ国の債務残高は、ドル換算で〇五年三月の一一兆ドル(約一二〇〇兆円)から一七年九月には六〇兆ドルと五倍に増加。対国内総生産(GDP)比率も一四六%から二一七%に増えた」(英フィナンシャル・タイムズ二〇一八年二月一三日付)。

しかし、米国が二〇一六年末から本格的な利上げ局面に突入しているにも関わらず、新興国はいまだに動揺していない。「今回は違う」(今回は米国の利上げで新興国が危機にはならない）という向きもあるが、おそらくそうではない。最大の理由は、利上げ局面に入っているにも関わらず米ドルがそこまで急伸していないことだ。これはすなわち、新興国の多くが米国の利上げに追随して自国の利上げに踏み切る必要性が今のところ低いことを意味する。

その好例がブラジルだ。ブラジル中央銀行は利上げに追随するどころか、二〇一八年三月二一日に政策金利を過去最低の六・五〇％に引き下げている。こうした長期化する異例の低金利を拠り所に、同国は深刻な政治不信が続いているにも関わらず株価が絶好調だ。

「この数年で、アジアの金融政策は米国との連動性を断ち切れるということが明らかになった」（二〇一七年一二月七日付英ロイター）。ＡＮＺのアジア調査ヘッド、クーン・ゴー氏は新興国に強気な姿勢を維持しているが、こうしたゴルディロックス（適温経済。この場合で、米国の金利が上昇しているにも関わらず、新興国から資本が流出していない状態）が永遠に続く保証はない。利上げに転じているにも関わらず、米国の金利水準が過去のレベルと比べて低いだけという可能性もあり、米国と新興国の利回り格差がさらに縮小して行けば新興国から資本の流出が起こる可能性は十分にある。

現時点（二〇一八年四月下旬）で米国の長期金利は二・九％台となっているが、ＪＰモルガン・チェースのジェイミー・ダイモン最高経営責任者（ＣＥＯ）は「いずれかの時点で、ＦＲＢや他国の中央銀行が現在想定しているよりもドラスティックな手段を取ることを迫られるという可能性に対応しなくてはならない。金利は一般に予想されているよりも高い水準に、より速いペースで引き上げられる可能性がある」（米バロンズ誌二〇一八年四月一七日付）と警鐘を鳴らす。債券に一段と弱気な元ブラックロックの債券運用者スティーブン・ミラー氏の予想では、一〇年物の米国債が「二〇一八年末までに三・五～四％に上昇する」（ブルームバーグ二〇一八年三月一日付）見込みだ。

さすがに米国の長期金利が四％程度に上昇すれば、新興国にも影響が波及するだろう。現在の新興国は昨今の低金利を良いことに、債券の発行を急いでおり（二〇一七年の新興国の債券発行は過去最高に達した）、前述したように債務を激増させている。近い将来、仮に新興国から大規模な資本流出が起これば、新興国の中央銀行はそれをなだめようと利上げを余儀なくされるはずだ。

しかし、新興国勢が米国の利上げに追随せざるを得なくなった際は、たまりにたまったこれらの債務の脆弱性に火を点けるだろう。

危機は必ず起こる‼

「ＨＩＥＥＲ」（ヒア）の最後の項目、不動産（Real Estate）は次の章で詳しく述べるとして、本章の最後では次なる危機に対する心構えを記しておきたい。

思い起こすと先のリーマン・ショックが起きた当時、それは「一〇〇年に一度、いや一〇〇〇年の危機」だと喧伝された。しかし、『国家は破綻する　金融危機の八〇〇年』（日経ＢＰ社刊）の著者であるケネス・ロゴフとカーメン・ラインハートによると「リーマン・ショックは決して特別なものではない」（日本経済新聞二〇一七年一二月四日付）。歴史を振り返ると、リーマン・ショックすらもあくまで過去に繰り返し起きてきた事象の一つに過ぎないのだ。

実際、一九二九年から始まった大恐慌（世界恐慌）は、リーマン・ショックよりも破壊的であったことがわかっている。「危機後、人々は過去の失敗に学んだ。しかも、現在は金融システムが整備されている。だから、今回は違う（金融危機は起きない）――。」（同前）と人々はいうが、ロゴフとラインハートは、人類が過去に学んだかに見えて実際は危機を繰り返し起こしてきたと警鐘を鳴らす。リーマン・ショックの時よりも世界の債務水準が高まっていることを勘案すれば、確実に新たな危機が引き起こされるはずだ。

世界銀行のチーフエコノミスト、ポール・ローマー氏はこう断言している――「次の金融危機は必ず起こる。『もし』ではなく『いつか』の問題だ」（週刊エコノミスト二〇一八年一月二・九日合併号）。今まで述べてきたように、現在、多くの市場でバブルが発生している疑いが濃厚だ。火種はあちらこちらにあり、新たな恐慌の舞台は整っていると考えてよい。中でも次章で述べる不動産バブルについては、よくよく注意した方が良いだろう。

第二章

バブル狂騒曲
——不動産、株、ビットコイン、美術品……

仮想通貨投資で億万長者続出

「億《おく》り人《びと》」という新語がある。納棺師を描いて日本アカデミー賞を受賞した映画「おくりびと」ではない。それをもじって作られた造語で、主にビットコインに代表される仮想通貨に投資して、短期間で一億円以上の利益を上げた人のことをいう。「短期間で一億円以上の利益」、なんて一般人にはまったく夢のような話に思えるが、決してそうではない。二〇一七年六月二日付ビットコイン研究所ブログによれば、このブログのフォロワーである仮想通貨投資家に現在の評価額をたずねた調査の結果、実に三六六人が評価額一億円以上と回答したという。さらにそのうちの一〇二人は、なんと五億円以上だというのだ。

驚くのはまだ早い。アンケートは「種銭」、つまり投資元本についても聞いているのだが、もっとも多い回答層である全体の六〇％の投資家の種銭は、わずか二〇〇万円なのだ。このアンケート結果を受けてビットコイン研究所ブログは、次のように結論付けている。『『典型的な仮想通貨の億万長者は二〇〇〇万円の元本を一億円にした』と読み取ることができる。約五〇倍のリターンである」。元手は二〇〇〇万円だというのだから、決して一般人にとっても夢の話ではない。億万長者になろうと思えばなれるのだ。

二〇一八年二月二日付『現代ビジネス』では、そうした「億り人」の一人である斉藤祐司氏（仮名、四七歳）の声を伝えている。そのまま引用しよう。

「私はＦＸの投資家でしたが、一六年ごろから投資家仲間の間で仮想通貨の話題が増えたので、やってみることにしました。目を付けたのが、イーサリアム。私が研究したところ、イーサリアムはビットコインの技術的欠点を克服しており、将来的に仮想通貨の中心的存在になると思ったからです。当時は一ＥＴＨ（イーサリアムの通貨単位）が約一二〇〇円で約一〇〇万円を投資したのですが、三ヵ月で二倍の二四〇〇円にまで上昇した。ここでいったん利益確定して、いきなり一

○○万円ほどの儲けになりました」。

しかし、「これは失敗だった」と斉藤氏は言う。

「私が手放したのは、一七年三月だったのですが、その三月中に価格はさらに上昇し、月末には五〇〇〇円を突破したんです。その後も勢いが衰えることなく上がり続けたので、これまでのFXの投資経験から『この勢いはホンモノだ』と思い、四月に一気に一五〇〇万円を投資しました。そこからはもう、上昇相場に身を任せるだけ。あれよあれよと上がる相場に乗って、年明けには一ETH＝一五万円を超える高値を付けました。じつに購入時から二〇倍以上になり、年始に資産が三億円に達したわけです」。（『現代ビジネス』二〇一八年二月二日付）

仮想通貨の理論価格はゼロ

ここまで読まれた読者の中には、「結構簡単に億万長者になれるんだな。一つやってみるか」と思われた方もいることだろう。しかし、先の『現代ビジネス』の記事のタイトルは「仮想通貨で『大儲けした人』『大損した人』が洗いざらい話した」である。大儲けした人もいれば、やはり大損した人もいるのだ。

今度は大損した人の生の声を聴いてみよう。金融関連企業に勤める藤原健太氏（仮名、四二歳）だ。

「私がビットコインに投資をしたのは昨年一二月のことで、最初はうまくいっていたんです。一ＢＴＣ＝二〇〇万円あたりで購入したところ、その日のうちにいきなり二三〇万円まで上がった。元手三〇〇万円に対して一〇倍の三〇〇〇万円分投資ができるレバレッジ取引で購入していたので、このときはわずか数時間で一〇〇万円以上の利益が出ました」。

藤原氏は、「こんな大相場があるのか」と浮かれたというが、そんな喜びの時間もつかの間だった。藤原氏が続ける。

「ビットコイン価格がそこから二日ほどで、一五〇万円まで一気に暴落したんです。これには青ざめました。なぜならレバレッジ取引では、一定以上の価格急落時に取引所から保有しているビットコインを強制売却されるのですが、これに引っかかってしまった。これで大損が確定したのです。私の場合、このときに熱くなってしまい、さらにビットコインを購入したのが運のつき。一二月二二日には再びビットコインが急落。そこで元手にしていた三〇〇万円はすべて消えました」。（同前）

そうだろう。なにしろ仮想通貨の値動きは激しい。大儲けもできるがそれは大損と背中合わせだ。先に「年始に資産が三億円に達した」と言っていた斉藤さんだって、今は激減させている。というのは、確かにイーサリアムは二〇一八年初には一ＥＴＨ＝一五万円を超えていたが、この原稿を書いている二〇一八年四月五日時点では四万円を割っているからだ。わずか三ヵ月で約四分の一

仮想通貨イーサリアムのチャート

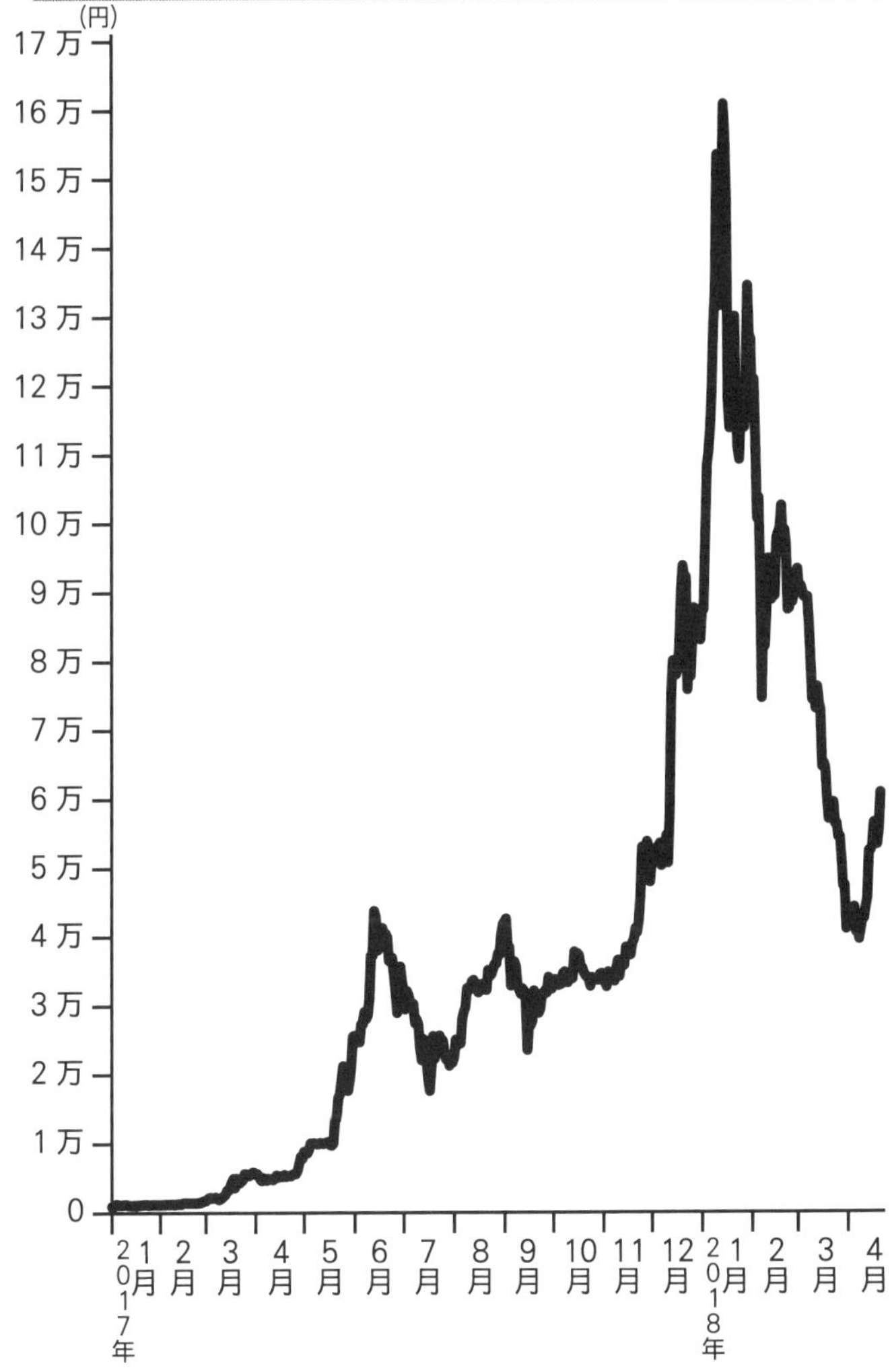

になってしまったのだ。だから単純計算すると、斉藤さんは今は「億り人」ではなくなってしまったことになる。

では、この値動きをどのように読んで行けばよいのか。それがわかれば、大儲けできるのではないか。問題はそこのところだ。それについて、前掲『現代ビジネス』記事は、ズバリこう書いている。「ビットコインの価格には『根拠』がないので、どんな価格になるのかがまったく読めない」（同前）。そして、元日本銀行フィンテックセンター長で、京都大学公共政策大学院教授の岩下直行氏による解説を引用している。

「たとえば株なら配当や株主優待が受けられるなど、所有するメリットがある。債券も同じで金利がつくし、満期にはおカネが返ってくる。しかし、ビットコインにはそういうものがないので、理論価格は『ゼロ』。つまり、仮想通貨がここまで値上がりしたこと自体が異常なことだし、まさにバブル。どんな些細なきっかけで、いつ弾けてもおかし

くない」。　（同前）

ここでは仮想通貨の代表格であるビットコインの名前で解説されているが、これはすべての仮想通貨に当てはまると考えてよい。仮想通貨の価格には、根拠がないのだ。これが株式などとは決定的に違う点だ。

株式の場合、たとえばＰＥＲ（株価収益率）とか、ＰＢＲ（株価純資産倍率）といった物差しがある。ＰＥＲは今の株価が一株あたり利益の何倍に当たるのかを表す指標で、業種ごとに大体の目安水準がある。ＰＢＲは一株あたり純資産額に対する株価の倍率を測る指標で、こちらは一倍が基準となる。株式会社は事業活動を行なって価値を生み出し、その結果として会社の資産も殖える。株式会社にはこのような実体があるから、株価を測る物差しも生まれる。

しかし、仮想通貨には実体がないから物差しもない。「上がる！　儲かる！」と思われれば買われて上がり、逆回転が始まれば急落する。先の見えない〝ジェットコースター〟のようなものなのだ。

一枚の絵が一〇〇〇億円!?

バブルの様相を呈しているのは、仮想通貨ばかりではない。もちろん、バブルの本命である不動産や株もバブルの様相を呈しており、それについては詳しく後述するが、溢れるマネーは様々な分野にミニバブルを発生させている。

二〇一八年一月一四日号の『日経ヴェリタス』は、「スキー人気が復活、時計や高級車の販売も増える　オッケー？　いよいよバブリー」という金融記者による座談会記事を掲載している。

それによれば、J・フロントリテイリング傘下の大丸松坂屋百貨店では、二〇一七年九～一一月に宝飾品関連の売り上げが一年前より一五％ほど増えた他、高級時計も大幅増だったという。また、日本自動車輸入組合の集計によると、一〇〇〇万円を超える超高級車ブランドのランボルギーニの販売台数は前年比二割増、アストンマーチンに至っては、なんと前年比七割増だという。

さらに美術品も「天井知らずだ」（『日経ヴェリタス』座談会発言）。読者の皆様は、ジャン＝ミシェル・バスキアという画家をご存じだろうか。私は寡聞にして知らなかった。しかし、二〇一七年五月、サザビーズがニューヨークで開いたオークションでこのバスキアの肖像画が一億一〇五〇万ドル（約一二三億円。当時の為替で計算）で落札された。米国人アーティストの作品としては史上最高値だ。

落札したのは日本人。アパレル専門のネット通販サイト「ZOZOTOWN（ゾゾタウン）」を運営するスタートトゥデイの創業者、前澤友作氏だ。

サザビーズジャパン・代表取締役の平野龍一氏は、『週刊東洋経済』二〇一八年二月一七日号でのインタビューにおいて、このように述べている。「八〇年代のバブルの頃は一時的に取扱金額が増えたが、年によって増減があり、すぐにピークから落ちた。ところがこの五～六年は前年を下回ったことがない」。

日本ばかりではない。美術品バブルは世界的に広がっている。二〇一七年一一月にはクリスティーズがニューヨークで開いたオークションでレオナルド・

ダ・ヴィンチの油絵「サルバトール・ムンディ（救世主）」が、四億五〇三〇万ドル（約五一〇億円）で落札された。落札者は、サウジアラビアの皇太子とも言われる。

こうした状況を受け、二〇一八年三月一日付AFP（フランス最大にして世界最古の通信社）は「急成長する世界美術品市場、落札額一〇〇〇億円も『時間の問題』」と伝えた。記事によれば、二〇一七年下半期には、美術品市場に世界的な成長が見られ、米国とフランスで約五〇％、英国で二五％、中国で二〇％売り上げが伸びたという。美術品市場は、過去三〇年間に経験したことがない右肩上がりの状況だそうだ。世界の美術品市場は今、空前のブームに沸いているのである。

人口減少の地方で地価が上昇⁉

二〇一八年三月二七日、国土交通省は二〇一八年一月一日時点での公示地価

を発表した。それによれば、地価上昇は全国に波及し、三大都市圏（東京圏・大阪圏・名古屋圏）以外の地方圏でも二六年ぶりに上昇に転じた。日本経済新聞は一面トップでこれを報じ、そのリード部分では次のように述べている。「緩和マネーが下支えし、訪日客増加を受けて地方でもホテルや店舗の需要が増している。都市部の再開発も活発で、資産デフレの解消が進んでいる」（日本経済新聞二〇一八年三月二八日付）。

この解説には、一応嘘はない。しかし、この地価上昇の最大の要因は、リードの冒頭部分「緩和マネー」にあることは言うまでもない。はっきり言うが、後段の「需要増」等々の部分は付け足しのようなものだ。

それがはっきりとわかる政府発表が、公示地価発表の三日後にあった。公示地価発表から三日後の三月三〇日。厚生労働省の国立社会保障・人口問題研究所は、二〇四五年までの将来推計人口を公表した。それによれば、すべての都道府県で二〇三〇年から人口が減り始め、二〇四五年には七割の市区町村で二〇一五年に比べて人口が二〇％以上も減るというのである。

読者の皆様もご存じの通り、すでに大半の都道府県において人口減少は始まっている。総務省統計局が二〇一七年一〇月一日現在の人口推計の結果を要約しているが、それによれば総人口は一億二六七〇万六〇〇〇人。前年に比べ二二万七〇〇〇人の減少で、人口減少は七年連続だ。しかも日本人人口に限ると減少人数は三七万二〇〇〇人にも達し、減少幅も七年連続で拡大している。

さらにこれを都道府県別に見てみると、前年比で増加していたのはわずか七都県にすぎない。「七都県」という表現でおわかりの通り、大阪府でさえ人口は減少に転じているのだ。増えたのが七都県ということは、その他の四〇道府県ではすでに人口は減少しているのである。

人口が減少するということは、住む土地＝住宅地に対する需要も当然減少する。店に対する需要も減少するから、商業地に対する需要も減少する。つまり、人口減少下の経済では、土地に対する需要は減少して土地がだぶつくのが当然なのだ。にも関わらず、日本の地方の地価が上昇するなどおよそあり得ない話で、そんな現象が生起した最大の要因は、先に述べたように緩和マネーなのである。それも、世界的に異常な緩和マネーだ。

NZオークランドの不動産価格は適正価格の二倍以上

私は、ニュージーランドという国が大好きだ。ダイナミックで美しい自然、その自然に育まれた美味しい食、イギリス連邦の国でありながら人種差別のない人間性、さらに極めて健全な財政など統治機構も優れている……。一九九七年に初めて訪れて以来、最低でも年に二回は長期滞在するくらい、私はこの国に魅了されている。ニュージーランドを紹介する本も、何冊も書いてきた。最初に上梓したのは、二〇〇二年一二月に発刊した『日本がだめならニュージーランドがあるさ！』（第二海援隊刊）である。この本の中で、私はニュージーランドの不動産について、このように書いた。

たとえば日本では東京にあたるオークランドは、周辺まで入れて人口たった一二〇〇万人ですが、ニュージーランドでは最大の都市です。しかしニュージーランド全体の人口が三八〇万人ですから、あの国ではとんでもない規模の大都市です。そのオークランドの中心部から車で三〇分ほどの最高級住宅街、日本なら東京駅や銀座から車で三〇分で、かつ閑静な高級住宅地――さしずめ田園調布や成城学園に匹敵する最高級住宅街の豪邸が、オークランドでは五〇〇〇万円くらいです。日本で同じ条件で家を探したら、たとえば成城学園なら五億円はするでしょう。なんと一〇倍です。

(『日本がだめならニュージーランドがあるさ!』より)

そう、当時は確かにそう思った。実際に物件を視察して価格を聞いて、「桁を間違ったのではないか」と本当に思ったくらいだった。しかしその後、ニュージーランドの不動産は上がり続けた。特にリーマン・ショック以降の上昇度合いは異常である。だから、今も私はニュージーランドという国には魅せられているが、こと不動産に関してはこう言わざるを得なくなってしまった。

以下は、二〇一七年八月に上梓した『世界中の大富豪はなぜＮＺに殺到するのか⁉〈上〉』（第二海援隊刊）からの引用である。

ただし、矛盾するようだが、昨今のタイミングでの購入はお勧めしない。ＮＺの不動産価格は今、バブルの疑いが濃いからだ。

不動産コンサルティング会社の世界大手、英ナイト・フランクによると、ＮＺのオークランドの不動産価格は二〇一五年に約二五％も上昇している。これは、都市別に見て中国の深圳市に次ぐ世界第二位の上昇率だ。価格の水準も、二〇〇七年の不動産バブル時のレベルに回復している。長年ウォッチしてきた私からしても、最近のＮＺの不動産価格は高過ぎる。

（『世界中の大富豪はなぜＮＺに殺到するのか⁉〈上〉』より）

これは、私だけの感覚ではない。ニュージーランドの不動産情報サイトである realestate.co.nz は、二〇一八年一月四日に二〇一七年一二月版の「ニュージーランドの不動産に関するレポート」を発表したが、それによればオークランドの不動産平均価格は前月比で二・七％上がって、九八万二六七三NZドル。日本円換算で八〇〇〇万円近い額だ。これが平均だというのだから、やはり異常である。また、『週刊エコノミスト』二〇一七年一一月七日号で「危ない世界バブル」を特集したが、その中でもニュージーランド不動産のバブル懸念は取り上げられている。引用しよう。

海外の不動産市場はグローバルなカネ余りの状況の中で投資マネーの受け皿となってきたが、既に一部ではバブルへの懸念がくすぶっている。

英『エコノミスト』誌が算出する世界の住宅価格指数（昨年一二月時点）によると、住宅価格の割高率はニュージーランド一一四％、カナダ一一二％、香港八六％、オーストラリア七一％となっている。いずれもこれまで低金利政策をとってきたドル圏の国だ。

（『週刊エコノミスト』二〇一七年一一月七日号）

言うまでもないが、一一四％割高というのは、一一四％割高ということではない。適正価格からすれば二倍以上だということだ。確かにそうだろう。ニュージーランド一の大都市とはいっても、住宅の平均価格が八〇〇〇万円なんてあり得ない。確かにその半値、四〇〇〇万円くらいが妥当なところだろう。

今のニュージーランド不動産は、やはり異常な金融緩和が生み出した投資マネーによるバブル状態にあるのである。

香港の住宅価格はこの一〇年で三倍に

この不動産価格の高騰は、ニュージーランドに限らない。先の『週刊エコノミスト』の記事の中で、やはりバブル懸念が指摘されていた隣国オーストラリア。このオーストラリアの不動産も、明らかにバブルの様相を呈している。

オーストラリアの住宅価格は、この一〇年間で二倍近くに上昇。世帯平均所得との比較で、シドニーの住宅価格は世界で二番目に割高と見なされる水準にまで上昇した。つまり、世界で二番目に住宅を買いにくい都市になってしまったのだ。その結果、二五歳〜三四歳までのオーストラリア人の持ち家比率は四五％となり、一九八〇年代と比較すると一六％も下落した。住宅政策の専門家は「家を持つというオーストラリア人の偉大な夢が悪夢になりつつある」と述べる状況だ。

この、世界で二番目に住宅を買いにくくなってしまったオーストラリアをはるかに凌駕し、世界一、住宅取得が困難なのが香港だ。先にオーストラリアの住宅価格はこの一〇年で二倍近くに上昇と述べたが、香港では一〇年で約三倍になっているのだ。住宅ばかりではない。二〇一七年一一月、香港の金融街を代表する七三階建ての高層ビル「中環中心（ザ・センター）」の売買が四〇二億香港ドル（約五九〇〇億円）で成立した。これは、香港のオフィスタワーの売却額として過去最高額だ。日本不動産研究所の調べによれば、香港のオフィス・マンション価格は二〇一七年一〇月までの半年でそれぞれ六・五％、五・二％上昇し、まだ上昇にストップがかかる気配はない。香港の主要オフィスビルの平均賃料は、東京の二倍以上に高騰している。

しかし、このような状況がいつまでも続くはずがない。先に紹介した「中環中心（ザ・センター）」を売却したのは、香港を代表する大富豪、李嘉誠が率いる長江実業グループだ。李嘉誠は、「今なら高値で売却できる」と見て売却に動いたわけである。言い方を変えれば、香港の不動産を誰よりもよく知る李嘉誠が、「もう売り時」と判断したということだ。

ニュージーランドでも、すでに反転の兆しは出てきている。不動産データ分析の世界的大手の一つであるコアロジック社は二〇一八年三月六日、二月のオークランドの住宅価格指数が〇・五％下落したことを伝えた上で、ＮＺの調査責任者ニック・グッドオール氏の次の言葉を掲載した――「今年予想される不動産価値のスローダウンは、すでに進行中であると思われる」。

二〇一八年二月九日付日本経済新聞は「アジア不動産転機　バブル警戒、軟着陸課題」と題して、次のように警告している。「世界的な金融緩和を背景に低コストで資金を調達できた環境は転換期にある。アジアの中銀の多くは利上げを進める米国をにらみ、金融引き締めを探る。加熱した市場の軟着陸へ、細心の政策運営を迫られている」――世界的な金融緩和は、すでに明らかに転機を迎えようとしている。

リーマン後の金融政策は前代未聞

ここまで仮想通貨・不動産のバブル状況を見てきたが、それを生み出したものは繰り返し述べてきたように、世界的な緩和マネーだ。そこで、改めてリーマン・ショック後に採られてきた〝前例のない金融緩和政策〟とはどういうものなのか。それについて簡単に説明しておこう。

リーマン・ショック後、日米欧で採られた金融緩和政策のことを専門家も、そして当の日銀自身もこのように表現している。「非伝統的金融政策」と。「非伝統的」とは「今までやった試しがない」ということだ。これは、どう考えても常態ではない。「非伝統的」というと聞こえはいいが、実のところは「異常」なのである。

まずは、リーマン・ショックの震源地であった米国である。米ＦＲＢの金融政策は、二〇〇八年一一月から二〇一〇年六月まで実施された量的緩和政策第一弾を「ＱＥ１」、二〇一〇年一一月から二〇一一年六月まで実施された量的緩和政策第二段を「ＱＥ２」、そして二〇一二年九月に導入され二〇一四年一〇月に終了した第三段を「ＱＥ３」と通常呼んでいる。

「ＱＥ」とは英語で「Quantitative Easing」の略で、日本語訳だと「量的緩和」。この「量的緩和」がどうして「非伝統的」なのかというと、従来の金融政策は、公定歩合などを使って金利を調整する方法で行なわれてきたからである。

金利を下げると、企業は銀行からの借入を増やして生産設備増や店舗展開を図った。企業が銀行からの借入を増やすと、取引に使われるお金が増えるので、世の中に出回るお金の量が増えて行った。しかし、先進国ではなかなか高い経済成長が見込めず、経済政策が手詰まりになって行く中で、金利はほぼゼロに近い状態にまで下がってしまい（そこまで下げても借りる企業・人がいなくなってしまったのだ）、これ以上金利を下げることはできなくなってしまった。そこで異例の方法として、「金利」ではなく「資金供給量」に着目した政策が行なわれるようになったのだ。

世界的金融緩和の潮目は変わった

ＦＲＢは米国債などを買って大量の資金を供給した。その結果、ＦＲＢの資産規模は、リーマン・ショック前までは一兆ドル以下だったが、数度に亘る量的緩和で四・五兆ドル（約四九五兆円）にまで膨らんだ。量的緩和終了後も満期償還分を再投資することで資産残高を維持してきたが、二〇一七年一〇月からは月額一〇〇億ドル（約一兆一〇〇〇億円）のペースで残高を減らして行き、資産縮小のペースは段階的に引き上げて行く計画だ。ＦＲＢは慎重にではあるが、はっきりと金融政策正常化、金融引き締めに舵を切っているのである。

次は欧州中央銀行（ＥＣＢ）だ。二〇一四年六月五日、ＥＣＢは理事会で、中央銀行預金金利（民間銀行がＥＣＢにお金を預ける際の金利）をゼロ％からマイナス〇・一〇％に引き下げた。「マイナス金利」に踏み込んだのだ。その後、マイナス金利はさらに段階的に引き下げられ、二〇一六年三月一〇日には〇・四％となり、現在に至っている。

マイナス金利になると、民間銀行はＥＣＢに余剰資金を預けたままだと金利を払わなくてはならず損をするので、お金を企業などへの貸し出しに回すだろう。そういう効果を期待しての奇策であった。先に、通常の金融政策は金利を上下させることで行なわれてきたと述べたが、上下と言っても、もはや四％を三％に下げるなどというレベルの話ではないのである。「民間銀行よ。ＥＣＢに置いておくと金利を払ってもらうぞ。損するんだぞ。だから、無理してでも貸し出せ」というわけだ。

二〇一五年三月からＥＣＢも量的緩和に踏み込んだ。「資産買い入れプログラム」という名称で、月額六〇〇億ユーロ、ＥＵ各国の国債などの買い入れを始めたのだ。これにより、二兆ユーロ（約二六〇兆円）程度だったＥＣＢの資産残高は増え続け、本書を執筆している二〇一八年四月時点で倍以上に膨らみ、約四・五兆ユーロ（約五八五兆円）に達している。

ただし、ＥＣＢも金融緩和の規模縮小を決めた。二〇一七年一〇月二六日開催の理事会で、二〇一八年一月以降は月額購入額を六〇〇億ユーロから三〇〇億ユーロに半減させることを決定したのだ。だから、ＥＣＢ資産残高の増加にはブレーキがかかり始めている。ここにも、世界的な金融緩和の潮目が変わってきていることを見て取ることができる。

日銀だけは終わりの見えない異次元緩和

最後は、わが日銀だ。日銀は二〇一三年四月から「異次元緩和」あるいは「量的・質的緩和」と呼ばれる金融緩和政策をスタートさせた。米ＦＲＢやヨーロッパのＥＣＢと異なるのは、この前代未聞の実験的金融政策に日銀だけがいつまで経っても終わりが見えないことだ。

当初、年間約五〇兆円増加するように買い入れるとしていた長期国債は、二〇一四年一〇月の追加緩和により年間約八〇兆円の増加に引き上げられた。これにより、日銀が保有する国債は格段に増え続けている。異次元緩和前の二〇一三年三月末時点では、日銀が保有する国債は一二五兆円、うち長期国債は六三兆円であった。それが二〇一八年三月末になると、国債は四四八兆円、うち長期国債は四二六兆円と桁違いの増え方だ。

日銀が買っているのは、国債ばかりではない。ＥＴＦ（上場投資信託）や

Ｊ－ＲＥＩＴ（上場不動産投資信託）もどんどん買っており、こちらも長期国債同様、二〇一四年一〇月の追加緩和で保有残高の目標が引き上げられた。それぞれ年間約三兆円、約九〇〇億円保有残高を増やすことが決められた。いずれもそれまでの三倍だ。ＥＴＦに関しては、二〇一六年七月のさらなる緩和により、年間約六兆円増加させることとなった。後述するが、日本の株式相場が「官製バブル」と揶揄されるのもうなずけよう。

結果、二〇一八年三月三一日現在、日銀の資産は五二八兆円にまで膨らんでおり、今後もさらに膨らみ続ける。改めて言うまでもないだろうが、日銀は長期国債やＥＴＦやＪ－ＲＥＩＴといった資産を何のために買っているかというと、買ったお金を民間銀行に支払い、それがさらに企業や個人に貸し出されて経済を活性化させるためである。

しかし、先にも述べたが、人口減少＝市場縮小の日本で新たな資金需要は乏しい。だから、日銀もＥＣＢ同様二〇一六年一月、マイナス金利の導入にまで踏み切った。

その政策効果は、一応出てはいる。直近二〇一八年三月末の全国銀行協会加盟行の貸出金残高は前年度末比一・六%増の四八八兆円で、七年連続のプラスとなった。アベノミクスの量的緩和前の二〇一三年三月末の時は四三六兆円だったから、一二%増えた。しかし逆に言えば、ここまでやっても貸し出しは一二%しか増えていないとも言える。さらに貸し出しの内容を見て行くと、貸し出しが増えたと喜んでばかりはいられないのだ。

人口が減るのに増え続けるアパート建築

日銀がマイナス金利を導入した二〇一六年、不動産融資は前年比で一五%も増えて一二兆二八〇六億円となり、統計のある一九七七年以降で最高を記録した。バブル期を超えたのだ。その中のアパートローンを見てみると、前年比なんと二一%増。一六年の貸家着工件数も四一万八五四三件と、八年ぶりの高水準に達した。これは、五年連続の増加である。

しかし、人口減少の日本で、そんなにアパート・貸家を建てて大丈夫なのだろうか？　もちろん、大丈夫ではない。二〇一七年三月二六日付日本経済新聞は、悲惨なアパート大家の生の声を伝えている。その一部を引用しよう。

融資を受ける場合、毎月の家賃収入が返済額を下回ると収支が逆ざやになり、運営を続けられなくなる恐れがある。石川県内にアパートを二棟所有していた男性（六一）は家賃を一割減らされたことなどで月々の収支が悪化し一四年にアパートを売却した。資産価値下落で手元には約三〇〇〇万円の借金が残った。

融資実態も不透明だ。津市内のある大家は「不動産業者の紹介で二つの都市銀行から数億円借りたが事業性などの質問はほぼなかった」と証言する。中長期の入居見込みすら確かめていない可能性がある。

（日本経済新聞二〇一七年三月二六日付）

不透明な融資実態——そう、確かにメチャクチャな融資が行なわれていた。そうでなければ、こんなにアパートローンが増えるはずがないのだ。アパート経営の経験のまったくない人を対象に「フルローン」（自己資金ゼロで諸経費を含めたすべての購入費用をローン貸し出し）や「オーバーローン」（物件価値を上回るローン貸し出し）といったルール無用の融資が行なわれていた。

さすがに日銀と金融庁はこれは問題だと判断し、二〇一七年からアパートローンに対する引き締めを行ない始めた。アパートローン残高も、一七年六月に二二兆円台に乗せてからは、ほぼ横ばいとなった。

金利をマイナスにしてまで銀行に貸し出し圧力をかけた結果が、アパートバブル。そして今度は、その火消しに動く。日銀がやっていることは、まさに「マッチポンプ」そのものである。

日銀が作り出す実態を伴わない「官製バブル」

日銀の異常さの話を続けよう。先に述べたように、日銀は二〇一六年七月にＥＴＦ（上場投資信託）の買い入れ額（保有残高の年間増加額）を約六兆円に倍増させた。国債市場と同様に、ＥＴＦ市場でも最大の買い手となったのだ。この結果、ＥＴＦの保有額は二〇一七年一一月末で一二・二兆円に達し、多くの企業の事実上の大株主となった。日銀が一〇％を上回る株式を（間接的に）保有する企業の数は、二〇一七年一〇月末で二四社にものぼる。この状況は、やはり異常だ。

二〇一七年一〇月一八日付日本経済新聞は「日銀ＥＴＦ残高、二〇兆円突破　株価への影響力一段と」と題する記事の中で、中央銀行が株を買うのは異例の対応であること、株式市場も日銀が今後も大量のＥＴＦを買い続けることを前提としていることを述べた上で、みずほ証券チーフマーケットエコノミストである上野泰也氏の批判的コメントを掲載している。「株価形成をゆがめているうえ、株主としての存在感が高まり企業統治にも影響する」。さらに、『週刊エコノミスト』二〇一八年一月三〇日号では、日本経済研究センター金融研究室長の左三川郁子氏が連載記事「出口の迷路　金融政策を問う」の中で、「満期なき株ＥＴＦの売却は難しい」「出口が困難になっている」とやはり懸念を伝えている。

上野・左三川両氏の指摘は極めて妥当である。今の日本株は、日銀が買うからこそ高値が維持されている。一般の市場参加者が真っ当に企業を評価して買っているのではない。日銀が買うから、日銀が渡る橋だから、安心して買っているのである。このような株価形成は歪められているし、そしてこの歪みの罠から抜け出すことは極めて難しい。日銀がＥＴＦを売らずとも、買いを停止、もっと言えば買いを縮小と決断した時に、市場において日本株売りの口火は切られるであろう。だから、日銀はＥＴＦを買い続けるしかない……。日銀は、こんなにっちもさっちも行かない状況に追い込まれているのである。

経済評論家の池田信夫氏は、日銀とＧＰＩＦ（年金積立金管理運用独立行政法人）を合わせると、東証一部上場企業の時価総額の一割近くも保有するという今の状況をはっきり「官製バブル」と指摘するが、二〇一七年八月二五日付JB PRESSでは八〇年代バブルとの共通点を二つ挙げている。一つは、成長していないのに株価が上がっていること。もう一つは、資産価格が上がっても物価は上がらないということ。つまり、実態経済が活気を帯び、成長・拡大し、それに伴って株価が上がっているのではなく、実態経済とは無関係に株価が上がる――それがバブルであり、そして今は八〇年代と同じようにバブルの状態だというのである。数字で確認してみよう。

「バフェット指数」という株式の指標がある。これは世界一の株式投資家であるウォーレン・バフェットが株価の割安・割高を判断する時に使っていると言われる指標で、株式時価総額を国内総生産（GDP）とを対比させたものだ。つまり、GDPが上がる↓株価が上がるという考え方で、基本的には正しいと言える。分母がGDP、分子が株式時価総額で一〇〇％を超えていると株式は割高水準にあり、一〇〇％以下だと割安水準にあるとされる。

では、過去の株式暴落時にはどれくらいの水準にあったのか？　そして現在は、どのくらいの水準にあるのだろうか？

日本のバフェット指数を見てみると、バブル真っ盛りの一九八九年末頃は一四〇％を超えた。リーマン・ショック前の二〇〇六年から二〇〇七年かけての時期も一〇〇％を超えていたが、一二〇％までは行かなかった。

では、直近の水準はどれくらいかというと、二〇一七年の秋以降ずっと一二〇％を超える水準にあり、一八年の一月には一三〇％を超えていた。これは、リーマン・ショック前よりはるかに高いレベルであるばかりか、一九八九年のバブル以来の高水準なのだ。

バフェット指数一〇〇％というのはあくまで一つの目安ではあるが、今の日本株はいつ崩れてもおかしくない〝バブル水準〟にあると言ってよいだろう。

日本もアメリカも〝株式バブル〟はいつ弾けてもおかしくない

そんな「官製バブル」相場に、そろそろ曲がり角の気配も見えてきている。日本経済新聞系列の金融・経済情報サービス大手・QUICKは、二〇一八年三月一六日付で「日本株、日銀の買いを上回る海外勢の売り」という情報を発信した。実際、海外投資家の売りはその後も続き、二〇一八年四月五日付QUICKは「株、海外投資家は大幅売り越し 一二週連続で合計は九・四兆円」と伝えている。東証によると海外投資家の年間売越額は現物だけでも八二年以降概ね二兆～三兆円である（ブラックマンデーが起こった年で突出していた一九八七年〈七兆一九二八億円〉を除く）。利に敏い海外投資家は、もう日本株は利益確定の売りに動いてよいと判断してきているのだ。

日銀の買いを上回る海外勢の売り――この動きが始まったことで、二〇一八年に入ってからの日経平均は年初に一段高くなって一月二三日に二万四一二九円（ザラ場）を付けた後は、軟調に転じている。

それでも日銀は買い続ける。それしかない。しかし、それは実態を伴わない歪んだ官製バブルであり、必ずいつかは泡の如く弾けることは間違いない。

二〇一八年一月三一日、米連邦準備制度理事会（ＦＲＢ）元議長のアラン・グリーンスパンはブルームバーグ・テレビとのインタビューに応じ、「現在二つのバブルがある。株式市場のバブルと債券市場のバブルだ」（ブルームバーグ二〇一八年二月一日付）と投資家に向け警告を発した。

グリーンスパンは一九八七年から二〇〇六年までＦＲＢ議長を務め、「金融の神様」「マエストロ」の名を欲しいままにした経済学者だ。ＦＲＢ議長在職当時の一九九六年一二月、米国株価の上昇にバブルの兆しを見、「根拠なき熱狂」という有名なフレーズで牽制したことでもよく知られている。今回グリーンスパンが警告した「二つのバブル」の状況については第一章で詳しく述べたから、本章ではこれ以上取り上げない。

本章の最後に、アメリカのバフェット指数を確認しておこう。ドットコム・

バブル（日本で言う「ＩＴバブル」）時の二〇〇〇年三月頃に一四〇％を超え、その直後にバブル崩壊。リーマン・ショックの時は二〇〇六年一一月頃に一〇〇％を超え、二〇〇七年三月頃に一〇八％と最大となり、リーマン・ショックが起こる二〇〇八年に入ると一〇〇％を割り込んでいた。直近ではどうかというと、二〇一七年の春以降、ずっと一三〇％超えの高原状態にある。

日本株と同じく、アメリカ株もいつバブルが崩壊してもおかしくない水準にあると言えよう。

「この身は泡の如く、久しく立つことを得ず」

聖徳太子によって日本で初めて解説された仏典の一つ「維摩経《ゆいまきょう》」。この経典の主人公は、古代インドの毘耶離《びやり》という都市に住む長者、維摩詰《ゆいまきつ》。この維摩詰、並の長者ではない。維摩経序分巻の第二・方便品には「資材無量」とある。これは「資産無限」という意味だ。

ある時、この維摩詰が病気になった。ただそれは、「方便を以って、身の疾《やまい》あることを現じ」——教えを説くための方便として病気になったというのだ。維摩詰の元には国王・大臣など何千人が見舞いに訪れたが、維摩詰はこれら見舞いに訪れた人たちに「身の疾を以って広く為に説法」した。

そのなかで、維摩詰はこんなセリフを吐いている。「是《こ》の身は泡の如し、久しく立つことを得ず」——泡＝バブルである。またこうも説く——「是の身は無常なり」「速やかに朽つるの法なり。信ずべからざるなり。苦たり悩たり」。確かに、この身でさえせいぜい一〇〇年程度しか持ちはしない。悠久の歴史の中では、泡のようなものだ。まして財産など、どれほど築き上げたとしてもあの世に持って行くことは絶対にできはしない。あの世に行った当人からすれば、自分のものではなくなる。泡の如く、自分の手元からは消えてなくなるのだ。

「この世をばわが世とぞ思ふ望月のかけたることもなしと思へば」（世の中は自分のためにあるようなものだ。今夜の満月に欠けているところがないように、私の人生も満ち足りている）と詠んだ藤原道長。その邸宅の一つは土御門殿

（京極殿）であるが、欲しいままの栄華を象徴するこの邸宅も何度も焼失の憂き目に遭った。その挙句鎌倉時代以後は荒廃し、吉田兼好の『徒然草』（第二五段）にはやはり道長が建立した広壮な法成寺と共に、無常と哀れの象徴として取り上げられている。

そんな泡のようなものは確かに信ずるに足らず、もしそのようなものに執着すれば一喜一憂し、苦悩の種となるだけだろう。

しかし、維摩経は決してこの世の無常を説いて終わりではない。なんと言っても、維摩詰は無限の富者なのだ。方便品の終わり近くでは、「無常」に対する「生」を説き、たとえば「真実より生ず（従真実生）」という言葉が見える。真に価値あるものはやはり真実から生まれるのである。

バブル（泡）か真実か。それは冷静に知恵を巡らせればわかるものだ。そして、今進行しているのは、明らかにバブルである。

第三章　二〇〇六〜二〇〇九年、リーマン・ショック前後に起きたこと

潰れたラクダは元に戻らず

砂漠を旅する人のお供と言えば、ラクダである。ラクダは乾燥や酷暑に対して強い耐久性を持っており、しかも大量の荷物を運べるとして昔から重宝されてきた。たとえば、一〇〇キログラムの荷物を背負わせて一日三〇キロを移動することも可能だという。そんなラクダは別名、「砂漠の船」と呼ばれている。

そのラクダにこんな英語のことわざがある。「The last straw breaks the camel's back.」（最後のわら一本がラクダの背骨を折る）——話は聞いたことがあるだろう。ラクダの背中に大量のわらを乗せた後、少しずつわらを積み増して行く。我慢強いラクダは、かなりの量を背中に乗せても平然としている。ところが、ある時点でわずか一本のわらを乗せたところ、途端にラクダが潰れてしまったという話だ。

旅人にとってはまさかラクダが潰れるとは思っておらず、突然のことにパニックになるだろう。とっさに、誰のせいなのかを考えるかもしれない。ラクダが潰れるまでわらを積み続けた自分が悪いのか。平然として、苦しそうな表情を見せなかったラクダが悪いのか。それとも、それほど大量のわらを用意した別の誰かが悪いのか……。しかし、今更そんなことを考えても仕方がない。背骨が折れたラクダが、もうわらを乗せることはないのだ。

この話は、バブル崩壊の様相に似ている。膨らんだバブルは、弾けるまで気付かない。投資家は、弾けて初めて気付くわけだが、その時はパニックになるだけで、すでに手遅れである。その後、新聞、テレビに代表されるマスコミがこぞってその戦犯探しをする。バブル崩壊の直接のきっかけを作った人が悪いのか。それともバブルをけん引してきた個人投資家や機関投資家が悪かったのか。それとも、そういったところに資金供給をしてきた金融機関が悪かったのか……。

ただ、そんなことをしても意味はない。バブルはすでに弾けてしまって、元には戻らないのだから。本当に重要なことは別にある。それは、その時に起きたことを研究し、再度起きた時に対応できるようにしておくことだ。

この章のテーマであるリーマン・ショックの前後に起きたことを確認するのには、そういった意味がある。リーマン・ショックは、巨大なバブルの崩壊であった。だから、これほど恰好の研究対象は珍しく、リーマン・ショックとその前後の経済に焦点を当てながらじっくり解説してみたい。

きっとそこには、今後の教訓になることやバブル崩壊を乗り切る対応策のヒントが隠れているはずである。

リーマン・ショック時に何が起きた？

リーマン・ショックとは、今から約一〇年前の二〇〇八年九月一五日に当時アメリカの四番手であった投資銀行「リーマン・ブラザーズ」が破綻処理を余儀なくされた経済事件である。リーマン・ブラザーズが連邦破産法一一条（いわゆるチャプター一一）の適用を申請すると発表したのは、日本時間で九月一五日午後のこと。現地はまだ真夜中で、これから一五日（月曜日）の朝を迎えようとしている時間帯だった。それにも関わらず、テレビに映し出されたリーマン・ブラザーズの映像は、多くの社員が普段着のまま自分の荷物を段ボールに抱えて足早に過ぎ去る姿だった。表情は一様に暗く、インタビューになげやりな回答をする人の姿もあった。

だが、この時はまだ始まりでしかなかった。二〇〇八年九月に起きた経済事件を、よく〝リーマン・ショックに端を発した金融危機〟と表現する。または〝二〇〇八年の金融危機〟と表現したりする。九月一五日、アメリカ市場では確かにNYダウが五〇四・四八米ドルと大きく下落した。しかし、その週末の九月一九日に大きく戻し、その後は小康状態になっている。つまり、リーマン・ブラザーズの破綻申請による影響は、この時点では限定されたものだった。

そして、その後危機は拡大する。しかもその時には想像できないほどひどく、世界中に深い爪痕を残した。

なぜ、九月一五日に下落した後、市場は一旦落ち着きを取り戻し、時間を置いてから世界経済は壊滅的な状態まで落ちたのだろうか。その時の状況を確認しよう。

まず、四大投資銀行の一角リーマン・ブラザーズによる突然の破綻申請は、まさに市場にとって寝耳に水のことであった。しかも政府は救済をせずに、そのままリーマンは破綻に追い込まれた。もちろん市場では動揺が走り、その結果株価は急落した。そして、問題はリーマンだけではなかった。アメリカのほとんどの金融機関は、リーマン同様に痛みを抱えていた。

その代表格として注目されたのが巨大保険会社「ＡＩＧ」である。ＡＩＧはリーマンが破綻した九月一五日、ＦＲＢに対して四〇〇億ドルのつなぎ融資を打診していた。しかし、それが断られ、それも九月一五日から株価が暴落した要因であった。市場関係者は「リーマンの次はＡＩＧ」と噂していた。

そこで動いたのは当初は難色を示していたＦＲＢであった。リーマン以上の規模を持つＡＩＧの破綻を恐れ、最終的にはつなぎ融資を実行した。その結果、アメリカ政府が約八割の株式を取得する権利を確保し、ＡＩＧは政府管理下で経営再建が行なわれることになった。これが、市場の安心につながった。

この頃まで市場には暗黙のルールがあった。「大き過ぎて潰せない」、英語では「too big to fail」だ。世間一般に大きな影響を与える大手金融機関は、破綻させずに最終的には国が救うという暗黙のルールだ。リーマンが破綻した時には、まさかそのルールが壊れたのかと市場は受け止めたわけだが、ＡＩＧが救われたことでそのルールは健在だったと市場は再認識した。その安心から市場は上昇に転じ、その後は小康状態に入った。

小康状態が破られたのは、九月二九日のことだ。この日、アメリカ合衆国下院は緊急経済安定化法案を否決した。これにはかなりのインパクトがあった。ＮＹダウはそれを受けて一日で七七七・六八ドル下げた。これは当時においては、史上最大の下落幅であった。法案は、金融危機を回避するためブッシュ政権の下作成されたもので、事前の予想では容易に通過するだろうと思われていた。少なくとも市場はそのように受け止めていた。なぜなら「too big to fail」の暗黙のルールにより、最終的には国は困った金融機関を救うだろうと捉えており、そのための法案だったからだ。

しかし、結果は否決、暗黙のルールが破られたことで、市場は激しく動揺した。その影響の大きさから、慌てて修正を加えた緊急経済安定化法を一〇月三日に成立させたが、もはや手遅れであった。金融危機はすでにアメリカだけの問題ではなくなり、欧州に伝播し連鎖的に世界中に拡大していた。

そんな中、少し手直ししてオブラートに包んだ緊急経済安定化法は火に油を注ぐ結果となった。「これほどひどい状況に陥っているのに、政府はこれだけしか助けてくれないのか」と。だから、皮肉なことに緊急経済安定化法を成立させた一〇月三日の翌週六日〜一〇日までの五日間、NYダウは下げ続けている。

リーマン・ショックの本質とは?

二〇〇八年九月一五日から始まったリーマン・ショック、その一連の流れをまったく知らなかったという人は、おそらくいないだろう。ただ、その本質を見抜いている人は意外と少ないのかもしれない。リーマン・ショックを、単なる〝一投資銀行の破綻劇〟と片付けてはいけない。〝アメリカの不動産バブルの崩壊〟という言葉でも本質を捉えたことにはならない。

リーマン・ショックに端を発した金融危機は、金融史上最悪の出来事と言っても過言ではない。そして、その出来事を境に経済の仕組みは大きく変化した。つまり、〝パラダイムシフト〟が起きたのだ。

では、何が変わったのか。実はあの事件で、既存の資本主義が終焉を迎えたのである。資本主義は、簡潔にまとめると、利潤追求を最優先で考えた経済だ。産業革命の時代から資本主義は急速に発達したが、その初期の形は物を作って売り、利益を追求した。そこから今度は物ではなくお金によってお金を殖やす金融が生まれ、世の中で取り扱われるお金の量は、金融による比率が圧倒的に大きくなった。

やがて金融は、効率化を目指すようになった。金融工学の発達により、市場予測が可能になったと錯覚した金融機関は、目いっぱいのリスクを許容しながらリターンを最大化することを競った。また、リスクが大きいものでもそれを複数混ぜ合わせることでリスクを低くすることができ、それによるリスクコントロールが可能であると考えられた。リーマン・ショックを引き起こす原因となったサブプライムローンも、そういった時代を背景に生まれた最先端の金融商品であったのだ。

資本主義の成れの果てに金融の最先端と考えられたサブプライムローンバブルが崩壊した――それが、リーマン・ショックの正体なのである。

サブプライムローン錬金術

サブプライムローンは二〇〇八年前後に有名になったが、実はアメリカの住宅ローンとして活発に取り入れられ始めたのは二〇〇〇年頃からだ。ちょうどＩＴバブルが崩壊した矢先に、アメリカ住宅バブルを引き起こしたサブプライムローンが活性化しているのである。

きっかけは、ITバブル崩壊による景気刺激策で利下げを行なったことだ。二〇〇一年初めに五・五％あった政策金利は、その年末に一・七五％まで下げられ、その約一年半後の二〇〇三年六月までにさらに一％まで下げられた。これにより、不動産バブルが急速な勢いで発生した。そして、サブプライムローンという良からぬものが暗躍し始めたのである。

サブプライムローンは、信用力の低い人向けのローンという意味である。プライムが優良な顧客を指し、プライムローンは優良な顧客向け（信用力の高い人向け）の住宅ローンを意味する。それにサブを付けて、プライムローンでないことを遠回しに表現しているが、率直に言えば本来貸してはいけない信用力の低い人に向けてのローンがサブプライムローンである。

日本では、このようなサブプライムローンはほとんど存在しない。銀行が貸したお金を回収できなくなることを避けているからだ。ただ、アメリカでは急速な利下げによる資金余剰と投資対象の枯渇により、新たな投資対象として注目されたのである。

そして、ここからサブプライムローンを使った錬金術が始まる。サブプライムローンはそのままでは信用力の低い、格付けで表せば「BB」クラス以下であろう投資不適格の案件である（債券の形式にはなっていないので、この状態では格付けはされていない）。ただ、それをまとめて証券化することで、金融工学の分散効果という力が働く。たとえ一部回収できないものがあっても、他の大部分が回収できれば、全体としてみればある程度回収が期待できる。そこに元々格付けが高い債券などを混ぜ合わせることで、なんと格付けで最上級の「AAA」やそれに次ぐ「AA」の金融商品を作り出していたのだ。

「AAA」や「AA」の金融商品は、高格付けで大変信用力が高いことを意味する。しかも、高利回りのサブプライムローンが入っていることで、一般的な高格付けの金融商品よりも利回りを魅力的に設定できる。だから、どんどん作られたし、世界中の金融機関が安心して投資を行なった。

こうしてサブプライムローンは、形を変えて世界中にバラ撒かれ、アメリカの不動産バブルをさらに拡大させることになった。

おかしいことは、やっぱりおかしい

バブルは、市場が狂気に包まれている状態である。そんな時に意外に役に立つのが、シンプルに考えることだ。冷静になって常識からシンプルに考えた時、「おかしい」と思えばそれは間違っていることが往々にしてある。

そして、もう一つ。これは投資においての大原則でもあるが、〝絶対〟は存在しないということだ。だから〝絶対〟を前提にしているものは、まず疑ってかかった方が良い。サブプライムローンが盛んに活用され、バブルが形成されていた時も同じことが起きていた。

サブプライムローンは信用力の低い人向けの貸付だから、一般向けの貸付方法がそのままでは通用しないことが往々にしてあった。一般の住宅ローン並みの返済額にすると、途端に借りられない人が多数いた。だから、そういう人向けの特別なローンを銀行は用意したのだ。その代表格は「金利オンリー型融資」

である。最初の数年間の返済を金利部分に留め、返済負担を減らしたのだ。

これを紹介した記事が二〇〇五年一〇月二七日付の日経金融新聞（現在は日経ヴェリタスに継承）に、「米、新住宅ローン続々」の見出しで掲載されている。この記事を元にして当時の住宅ローンのおかしさを解説しよう。

「金利オンリー型融資」は、信用力のない個人向けに融資業務を手掛ける中小金融機関が二〇〇〇年頃から取扱いを始めた。始めた当時は、住宅ローン全体に占める割合は一％だった。しかし、その後ウェルズ・ファーゴなど大手銀もこの分野に取り組むようになり、二〇〇五年一月—七月時点では全体に占める割合が二三・一％に急増していた（米調査会社ローン・パフォーマンス調べ）。

これのどこがおかしいのかは、常識で考えるとわかるだろう。ローンはいわば借金なわけで、当然借金は返済することが前提だ。しかし、このローンは当初数年間は金利部分だけの支払いで、元本部分は一切返済されていない。これでは借金が減ることはない。つまり「金利オンリー型融資」は、初めの数年間は借金を返済しないことを前提で作られているのである。

しかもほとんどの「金利オンリー型融資」の場合、当初数年間の毎月返済額は金利だけに抑えられているものの、その後は返済額が通常の住宅ローン以上に膨れ上がる仕組みになっている。これもおかしな話だ。通常の住宅ローンの返済額が払えないゆえに特殊なローンを選択した人が、後に通常の住宅ローン以上の金額を毎月払えるようになるはずはない。「金利オンリー型融資」とはこんな矛盾をはらんだ住宅ローンであった。

さらにおかしな住宅ローンが、同じ日経金融新聞に紹介されている。「ネガティブ・アモチゼーション」と呼ばれる住宅ローンで、これは当初の返済額を金利部分より少額に抑えられていた。つまり、当初の数年間、毎月返済しているにも関わらず、未返済の金利部分が元本に加わり借金の総額が雪ダルマ式に膨らむのである。

当時、「ネガティブ・アモチゼーション」を提供していたアメリカの住宅ローン大手のワシントン・ミューチュアルのコメントが次のように新聞に掲載されている――「多くの人が住宅を購入できるよう、幅広い条件で商品を提供している」。確かに、最初は少額の返済だからよい。入口は、誰でも簡単に入れるようになっている。しかし、後が大変だ。数年間のうちに、膨らんだ借金の元本も含めての返済に追われるわけで、行きはよいよい帰りは怖い、行き詰まるのが目に見えている。

もう一つ「ピギーバック・ローン」も紹介しておこう。住宅ローンを組む際、通常は二〇％ほどの頭金が必要となる。それが払えない場合には、ローン返済を保証する保険に入る必要がある。これらを必要とせずに住宅ローンを組むためにに登場したのが「ピギーバック・ローン」だ。

この住宅ローンは、複数のローンを組み合わせることで頭金も保険も要らずに欲しい分だけ住宅ローンを組むことができるようにしたものだ。十分な蓄えがなくても、誰もが簡単に住宅ローンを組むことができるようになった。まさに、〝サブプライムローン〟である。

ではなぜ、こんなおかしな住宅ローンがまかり通ったのか。それはアメリカで「不動産神話」が信じられていたからだ。買ってしばらく持っていたら必ず

3つの“とんでも”住宅ローン

1. 金利オンリー型融資

当初金利部分のみ返済

2. ネガティブ・アモチゼーション

当初金利部分よりも少ない金額の返済

3. ピギーバック・ローン

頭金不要

価格が上昇すると、まるで日本の一九八〇年代の「土地神話」のように何の根拠もなく信じられていた。だから、転売目的で不動産を所得する人の数が増えたし、その人向けに頭金や保険が要らなかったり、当初数年間のローン返済の金額が抑えられていたりする住宅ローンが活発に作られたのである。そして、それが不動産バブルを一層大きくした。

不動産価格が上がり続けている間は、まったく問題がなかった。しかし、それが陰り始めると途端におかしくなった。「金利オンリー型融資」「ネガティブ・アモチゼーション」「ピギーバック・ローン」といったサブプライムローンの構造は、元々不動産価格が上昇し、転売することを前提にしていたわけで、それができなくなることは致命傷であった。

ワシントン・ミューチュアルは、アメリカ最大の貯蓄貸付組合（貯蓄と住宅ローンに特化した金融機関）であった。その会社において、住宅価格が低迷を始めたことでサブプライムローン事業の評価損が増大し、コメントを発表した翌年の二〇〇六年に早くも経営問題が表面化し始めた。その後、ますます業績は悪化してリーマン・ショックがとどめを刺し、二〇〇八年九月二五日経営破綻をしている。

流れは二〇〇六年に変わった

二〇〇五年まで絶好調だったアメリカの不動産バブルに転機が訪れたのは、二〇〇六年になってからだ。この頃、サブプライムローンの焦げ付きが目立ち始め、その年の終わりにかけて住宅ローンを扱う中堅会社の破綻が相次いだ。

原因は金利の上昇である。二〇〇四年五月まで政策金利一％という歴史的な低金利政策が続けられたが、二〇〇四年六月以降じわじわと利上げが行なわれた。そして、二〇〇四年六月～一二月の間に合計五回の利上げが行なわれ、政策金利は年末までに二・二五％まで引き上げられた。その頃はまだ不動産バブルの真っ最中だったため、二〇〇五年も利上げは継続された。二〇〇五年は一年間に八回もの利上げが実施され、年末の政策金利は四・二五％まで高まった。

しかし、それでも利上げは続き、二〇〇六年になってから六月までに四回の利上げが行なわれ、政策金利は五・二五％になり、そこでやっと打ち止めになった。この約二年間で合計一七回も利上げされ、一％だったアメリカの政策金利は五・二五％にまでなったのだ、かなりのハイペースであったと言える。

金利上昇を背景にサブプライムローンは焦げ付き、アメリカの不動産バブルは終焉に向かうことになる。しかし、二〇〇六年は中堅規模の住宅ローン会社の破綻は起きていたものの、市場はまだ楽観モードであった。だから大手金融機関は中堅規模の住宅ローン会社を買収するなどで救済していたが、実はそれが毒を内に抱えこむ禁断の行為であった。

この毒が回り始めるのは、翌年二〇〇七年になってからだ。リーマン・ショックの予兆が出始めた二〇〇六年から、前兆が起きた二〇〇七年に話を移そう。

アメリカ政策金利の推移

（2003年～2006年）

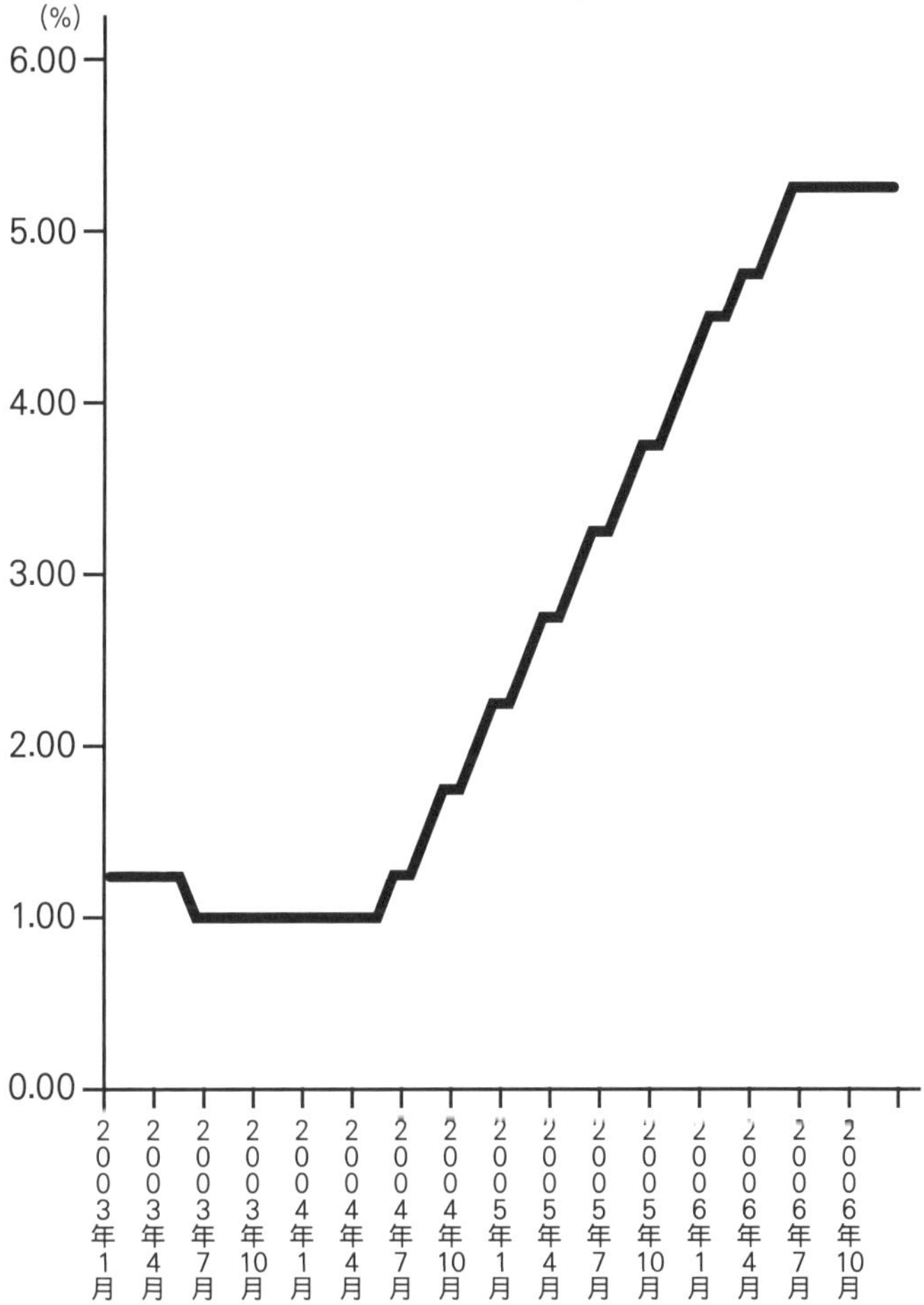

前兆

二〇〇七年になると、サブプライムローンが深刻な問題として取り上げられ始めた。新聞各紙（日経各紙、全国紙、一般紙、専門紙、スポーツ紙・夕刊紙まで）に初めて「サブプライムローン問題」という語句が掲載されたのは二〇〇七年三月二日のことである。それまでは「サブプライムローン問題」どころか、「サブプライムローン」という言葉ですらほとんど登場していない（二〇〇六年はたった三件）。それが二〇〇七年三月あたりから、少しずつ新聞各紙を賑わせて行った。

二〇〇六年まではまったく登場しなかった「サブプライムローン問題」という語句は、二〇〇七年の一年間になんと二八二八件も掲載されている。リーマン・ショックが起きた翌年の二〇〇八年がもちろんピークで、件数は七一〇八件である。二〇〇七年に掲載された件数を月ごとで見ると、ある時を境にして件数が急増している。一月と二月は件数がゼロで、三月から六月もあまり多くなく一桁から二〇件程度だ。七月は七八件と少し多くなるが、それほどでもない。急増するのは、二〇〇七年八月からだ。八月は数百件となり、そのまま三桁の数字が年末まで続いている。

二〇一七年八月、この頃が一般に「サブプライムローン問題」が認識された時期ということになる。では、二〇一七年八月に何が起きたか。これぞリーマン・ショックの前兆とも呼ぶべき「パリバ・ショック」である。これを皮切りに、金融機関の危機的状況が連鎖的に発生したのだ。

ＢＮＰパリバは、言わずと知れたフランスの大手金融機関だ。アメリカで盛んに設定された住宅ローンであるサブプライムローンの問題が、フランスの金融機関を発端に表面化されたわけで、いかにサブプライムローンを組み込んだ金融商品が世界中に蔓延していたかがわかる。

パリバ・ショックは、二〇〇七年八月九日に始まった。ＢＮＰパリバがその傘下のミューチュアル・ファンド（一般的なオープン型投資信託）の新規募集と解約の停止を突然発表し、投資家からのファンド解約に応じなかったことにより起きた信用不安だ。それまでにも確かに住宅ローン会社の破綻は往々にして見られ、サブプライムローンの問題による業務の行き詰まりは特に珍しくなかった。しかし、ＢＮＰパリバという、世界規模の金融機関による行き詰まりは市場で重く受け止められた。

サブプライムローンの関連商品は買い手がつかなくなり、それらを積極的に購入していた欧米を中心とした金融機関や投資家に動揺が走った。ＡＡＡやＡＡに加工された金融商品は、実はまやかしであったことが世間一般に露呈されたわけだ。

パリバ・ショックにより、米ドルやユーロなどの主要な通貨は対円で下落した。八月一七日に一旦底を付けるが、それまでにユーロや豪ドル、ＮＺドルなどは一〇円以上も円高になった。その間ＮＹダウも八〇〇ドル以上、約六％下落している。日本ではこの下落は一時的なものと捉えられて楽観視された。事態が進行しているアメリカや欧州でも、この頃はまだ時間が経てば解決する問題と捉えられていた向きが強い。

しかし、そんなはずはなかった。振り返って確認しておくと、二〇〇七年三月時点でアメリカにおけるサブプライムローンの規模は、一兆三〇〇〇億ドルだったと推計されている。サブプライムローンが含まれた金融商品の規模は、もちろんサブプライムローン自体よりはるかに多く、世界中にバラ撒かれていた。それらが傷んでいることが今回わかったわけだ。

今から思えば、至るところに爆弾が転がっていたのだが、あまりに規模が大き過ぎたため事態が把握できていなかっただけだ。当然、危機は進行して行き、事態は深刻化して行く。

青天の霹靂

このような前兆があったにも関わらず、リーマン・ショックは市場にとってまさかの出来事であった。さらにアメリカが緊急経済安定化法案を一旦否決し、救済処置を見送ったことも想定外のことであった。これによって、世界は未曽有の金融危機に突入して行った。

二〇〇八年の金融危機は〝本来起こり得ないことが起こってしまった〟というのが銀行や証券会社、その他金融機関での共通の認識であろう。このような出来事を金融用語で〝ブラックスワン〟と呼ぶ。

ブラックスワンとは、名前の通り、黒いハクチョウである。ハクチョウは、北欧の国デンマークやフィンランドの国鳥にもなっているぐらいで欧州になじみ深い鳥である。その欧州では、ハクチョウは白いというのが、あえて確認するまでもない昔からの常識であった。ところが、一六九七年に欧州からちょうど地球の反対側に位置するオーストラリアで黒鳥（ハクチョウ属）という黒いハクチョウが見つかり、それまでの常識をひっくり返したのだった。以来、本来起こるはずのない出来事が起きた際に〝ブラックスワン〟と呼ばれるようになり、特に近年金融の世界ではこの言葉がよく使われている。

では、どれくらい起こり得ないことだったのか。二〇〇八年の金融危機を全体の規模で捉え、それを統計用語で表すと、一説には7σ（セブン・シグマ）のことが起きたと言われる。確率にして四〇〇〇億分の一である。年末ジャンボ宝くじの一等に当たる確率が一〇〇〇万分の一だから、その実に四万倍起こりにくいことだったわけだ。

しかし、後から考えるとこれは前提が間違っていただけだろう。黒鳥は単に〝いない〟と思い込まれていただけで、実際には〝存在した〟のだ。

米ドルを確保しろ！

二〇〇八年の金融危機の期間を大きく捉えると、パリバ・ショックが起きた二〇〇七年八月九日から、株価が大底を付ける二〇〇九年三月六日までである。この間、至るところで危機が発生し、金融機関の破綻が見られた。世界経済は暴風吹き荒れる様相であった。

中でも瞬間風速が最大であった二〇〇八年一〇月、今でも思い出される米ドルが枯渇するという衝撃的な事件があった。後に暗黒の一週間と呼ばれる、一〇月六日～一〇日の金融危機真っ只中のその状況について、私は外資系銀行の担当者にヒアリングを行なった。その中で衝撃的だったのが「米ドルが市場から消えた」というコメントだった。

米ドルは、今も当時も流通量はダントツ一位の通貨だ。その米ドルが市場でほとんど流通しなくなったらしい。「次に潰れる金融機関はどこか」と人々は噂し、誰もが疑心暗鬼になっていた。資金を融通し合う仕組みが機能するはずもなく、返済資金が調達できずに行き詰まるとまた金融機関が破綻して行く。悪循環が連鎖的に発生していた。

経済において、お金は血液の役割を担っている。常に循環して、経済を支えている。その血液が止まるとは、どういうことなのか。答えは経済が死に体、つまり完全に機能を失った状態になるということだ。一〇月六日～一〇日の世界経済は、まさにそんな状態だった。

金融機関が資金集めに必死になったことで、アメリカの政策金利は一定だったにも関わらず、銀行間取引金利は急上昇していた。シティバンクやＨＳＢＣ、その他名だたる金融機関がこぞって高い利回りの、金融機関にとって条件の悪い債券を出したのもこの時だ。利回りは、高いものでは年八～一〇％ほどもあった。当時、私はシティバンクシンガポールとお付き合いがあったが、金融危機前は日本人の口座開設に対してそっけない対応で、「口座を作ってあげてもいいけど……」ぐらいの感触だったのが、金融危機の直後は「口座開設に、ようこそお越し下さいました」ともろ手を挙げての大歓迎であったのを記憶している。もっとも、金融危機が落ち着いてきたら、またそっけない対応に戻っていたが……。

世界は崩壊寸前――市場はこれだけ暴落し動揺した

お金の流れが止まるという前代未聞のことが起きたわけだが、当時、世界は崩壊寸前だった。どれほどのことが起きたのかは、当時の新聞が数多く伝えている。中でもひどかったのは、震源地であるアメリカの不動産だ。それを紹介している二〇〇八年一二月一九日の読売新聞の記事を一部取り上げよう。記事のタイトルは『八七万→一一万ドル　豪邸たたき売り』である。

サブプライム問題のグラウンド・ゼロ（爆心地）——。米カリフォルニア州にある人口二九万人の街ストックトンを、米メディアはそう呼ぶ。サンフランシスコのベッドタウンとして急発展したものの、ローンを返せなくなり家を手放す人が続出。住宅の差し押さえ率は、全米最悪の水準だ。米経済が失速する中、街の窮状は深刻さを増しており、「オバマ次期政権に期待するしかない」との声も上がっていた。

（読売新聞二〇〇八年一二月一九日付）

記事の中では、差し押さえ住宅の競売された価格が二つ記載されていた。一つは、販売価格四二万ドルの物件が六万九〇〇〇ドルで落札、なんと八三・

六%の下落。もう一つは、販売価格八七万ドルの物件が一一万ドルで八七・三%の下落と、まさにたたき売りの状態である。

震源地の住宅ほどではないにしても、他の市場も大きく下落した。二〇〇七年八月九日～二〇〇九年三月九日の一年七ヵ月で、NYダウマイナス五一%、日経平均マイナス五九%、ドイツDAXマイナス五〇%といずれも半分以下になった。為替は対円で、米ドルマイナス一八%、ユーロマイナス二五%、豪ドルマイナス三九%、NZドルマイナス四六%と、こちらもやはり無残な姿だ。

そんな中、なんと上昇した相場がある。それは金（ゴールド）だ。極端な円高が起きていたにも関わらず、円建ての金価格はプラス一五%と上昇している。また、海外ファンドの中でMF戦略を行なうファンドも、相場の大きな動きを得意とするため上昇している。やはり、資産は分散しておくのが鉄則である。

リーマン・ショック後の世界

二〇〇八年の金融危機は世界経済にとって強烈な出来事であり、それによりその後の世界ではいくつか明確に変わったものがある。ここで、三つ紹介することにしよう。

まず一つ目は、格付けの信用が地に落ちたということだ。それまでは銀行格付けなど週刊誌に定期的に掲載されて重宝されていたが、それを機にみんな見向きもしなくなった。

それは当然だろう。リーマン・ショックの直前までリーマン・ブラザーズの社債が最高級のAAAを付けていたり、あれだけの問題を起こしたサブプライムローンが混ざった金融商品が最高級のAAAやそれに準じるAAであったりと、まったく信用できるものではなかった。それどころか、そもそもサブプライムローン関連の金融商品が世界中にバラ撒かれ、金融機関がこぞって買い求

2007年8月9日～2009年3月9日の資産暴落率

NYダウ	−51%
日経平均	−59%
ドイツDAX	−50%
米ドル	−18%
ユーロ	−25%
豪ドル	−39%
NZドル	−46%

上昇したものは、
金とMF戦略のファンド

めるようになったのは、高格付けを付けた格付け会社のせいでもあったのだ。

二つ目は、資本の回転率の鈍化、レバレッジの低下である。サブプライムローン関連の金融商品を盛んに購入していたのは投資銀行である。当時、アメリカではリーマン・ブラザーズを含め、四大投資銀行が存在していた。四番手のリーマンが破綻し、そのリーマン・ショック同日に三番手の投資銀行であるメリルリンチがバンク・オブ・アメリカに救済合併されると発表された。一番手と二番手のゴールドマン・サックス、モルガン・スタンレーもそれぞれ存続を危ぶまれた。

その背景は、サブプライムローン関連の金融商品に手を出していたのと同時に、レバレッジが高いこともあった。投資を行なう時には種銭が必要となるが、投資銀行はそのままの金額で投資を行なうことはあまりしない。それを種銭にして、資金調達をした上で投資を行なったりする。たとえば一億円の種銭があった時、これを担保に二九億円借りてきて、合計三〇億円で運用したりする。これをレバレッジと言い、たとえて言うと一億円で三〇億円分の取引をするので、レバレッジ三〇倍と呼ぶ。投資銀行はこのようにレバレッジを高くして、投資効率を上げていたわけだ。

しかし、それは完全にマネーゲームであった。その宴はリーマン・ショックによって強制終了させられ、レバレッジが急低下、それどころか資金調達もままならないようになったのだ。

三つ目は規制の強化である。少し専門的になるが、国際的に活動する金融機関（特に銀行）に対してバーゼル合意と呼ばれる国際統一基準がある。「バーゼルⅠ」や「バーゼルⅡ」、「バーゼルⅢ」と言った方がわかりやすいかもしれない。統一基準とは、簡単に言うと規制の話である。リーマン・ショック前の規制は、バーゼルⅡであった。そのバーゼルⅡが作られた時、関係者は「これで理想的な規制ができた。どんな金融危機でも対応できる」と考えたという。しかし、実際にはリーマン・ショックは起こったわけで、理想的とされたバーゼルⅡはまったく無力で何も役に立たなかった。規制は、あまり強すぎると経済活動を阻害してしまう。だからバランスが難しい。

しかし、バーゼルⅡで失敗したことから、さらに厳しいバーゼルⅢの策定に取り掛かった。この時、残念ながら規制緩和の声は出なかった。なぜなら、大きな失敗をしているわけで、かなり厳格な規制が求められたからだ。最近ではあまりに厳しすぎる規制を緩和する動きもみられるが、リーマン・ショック後は金融機関に対してかなり厳しい規制が敷かれていた。その頃から、金融機関に対して「融通が利かなくなった」とお感じの読者も多いだろう。

さすがオマハの賢人〝ウォーレン・バフェット〟

この章の最後に触れるのは、こんなとんでもない危機を逆手にとった投資家のお話である。世界のあらゆる市場が大暴落していたわけだから、売りを専門に行なった投資家で莫大な利益を得た人はいる。売りを仕掛けていたカイル・バスやジョン・ポールソンだ。しかし、もっとも驚くべきは他にいる。買い専門とされている投資家で、金融危機を逆手にとった投資家がいるのだ。

それこそ、有名なオマハの賢人ウォーレン・バフェットその人である。もっとも、バフェットも暴落がひどい時は他の投資家と同じように大きな損失を出している。しかし、バフェットのすごみは暴落時の誰もが投げ売りをして、触りたくない時に、ひたすら買いを行なったことだ。

金融危機真っ只中の二〇〇八年一〇月一六日に、バフェットはＮＹタイムズに次のタイトルの文章を投稿した。「Buy American.I am.」（アメリカは買い。私は実行中だ）。この言葉は愛国心からということもあるが、バフェットの普段の哲学通りの発言でもある。それは「Be fearful when others are greedy and greedy when others are fearful.」（みんなが買い漁っている時は恐怖心を抱き、みんなが恐怖心を持っている時は買い漁りなさい）。

実際、バフェットはＮＹタイムズへ投稿する前の二〇〇八年九月二三日、ゴールドマン・サックスへ五〇億ドルの出資を決めている。他にも株式など買い漁った。結果はすでにご存じの通り、直近二〇一八年四月のＮＹダウはリーマン・ショックの前から比べてみても二倍以上になっている。暴落時に購入したバフェットは、莫大な利益を得ているのである。

　この行為は、今後の危機に対応するための大いなるヒントになるだろう。来たるべき大恐慌は、優れた投資家にとって恐怖の対象ではなく、優良なものを安く大量に買うことのできる絶好のタイミングなのである。

第四章　世界経済が抱える史上最大の債務

突出する政府セクターの債務

「危機の歴史をたどると、ＩＴ（情報技術）バブルでは企業の債務が膨らんだ。住宅バブルでは債務問題は家計に移った。次に国債を発行して危機を救済した政府の債務が膨らみ、その国債を中央銀行が量的金融緩和のなかで吸収している。債務移転の流れを考えると、中銀が管理する各国通貨にリスクがたまっているように見える」（日本経済新聞二〇一七年八月一四日付）。この記事の指摘は間違ってはいない。再度、第一章の一五ページの表に目を凝らしていただくとすぐにわかる。

結論からすると、リーマン・ショック以前の一〇年間と以降の一〇年間では、債務の増加トレンドが大きく変わった。リーマン・ショック以前は金融セクターと家計セクターが世界の債務増加をけん引したが、危機以降は政府セクターがけん引役となっている。

米国を中心とした住宅バブルに、世界中が酔いしれた二〇〇〇年代、世界の家計セクターの債務は一九九七年の一五兆ドルから二〇〇七年には三四兆ドルへと、およそ二倍以上に膨らんだ。これは、多くの家計が銀行から資金を調達して住宅を購入した結果と言える。

しかし、金融セクターに目を移すとその増加率は家計セクターの比ではない。金融セクターの債務は一九九七年の一九兆ドルから二〇〇七年にはおよそ三・八倍の五三兆ドルにまで増えている。これは米国を中心に金融機関のバランスシートが極端なまでに膨らんだ証だ。

ところが、リーマン・ショックを境に債務の増加トレンドは明らかに変化している。目立った変化の一つは、欧米を中心に金融セクターのデレバレッジ（負債圧縮）が進展していること。そして、それとは対照的に政府セクターの債務が劇的な増加を示した点だ。

これも第一章の一五ページの表を見れば一目瞭然だが、二〇〇七年から二〇一七年にかけてもっとも債務が増加したセクターは、政府部門である。三三兆ドルから六三兆ドルとほぼ二倍に増えた。

これはすなわち、リーマン・ショックをきっかけとして債務リスクが民間セクターから政府セクターに移転したとも言える。冒頭の日本経済新聞が指摘したように、重債務国の不換紙幣に注意が向けられるのはある意味で当然だ。想像力を膨らませると、次の世界的な金利上昇局面ではいくつかの政府が危機に陥り、その当該政府が発行する不換紙幣（法定通貨）が紙キレになるという事態も想定できなくはない。不換紙幣の信用失墜は、まさに究極の危機である。

「インフレは、常に、そしてどこででも貨幣的な現象である」――ヘリコプター・マネーの提唱者として名高い経済学者、故ミルトン・フリードマンはこのような言葉を残した。それを米プリンストン大学で歴史学の教授を務めるハロルド・ジェームズ氏は、「インフレは、常に、そしてどこででも政治的な現象である」と言い換えている。まさに正論だ。

常識的に考えれば、先進国の通貨が毀損する事態など想像できない。しかし、これもハーバード大学のケネス・ロゴフの受け売りだが、歴史を振り返るとそ

政府の債務が増え、債務リスクは政府に移転

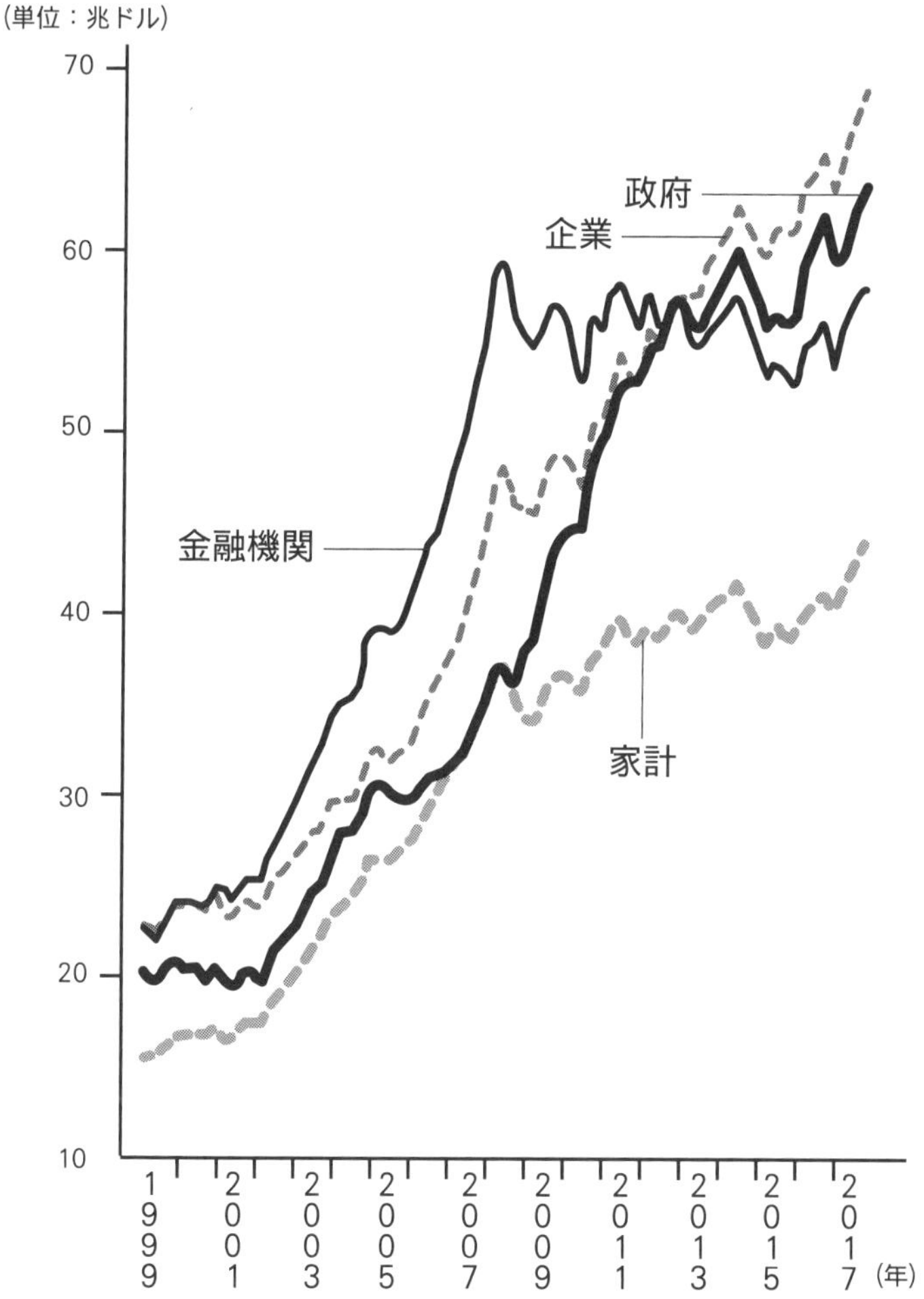

出所：IIF（国際金融協会）

うしたありえない事態が幾度となく起こってきた。「今回は違う」と、誰が言い切れるだろうか。

少し古い記事になるが二〇一一年八月一五日付の米ウォールストリート・ジャーナルは「ニクソンショックから四〇年——現行の紙幣制度の結末はいかに」と題した示唆に富む論説を掲載し、次のように断じている——「すべての紙幣制度は、最終的には失敗した。金融当局は、完全な崩壊が起こる前に商品を裏付けとする貨幣制度に戻した。そうしなかった場合は、ハイパーインフレを招き、社会に深刻な影響をもたらした」。

この記事は、まさに恐ろしいことを伝えている。歴史上、何かしらの商品を裏づけとする兌換紙幣へ回帰しない限りは、恒久的に通貨の価値を保った不換紙幣は存在しなかったというのだ。

記事は、世界最古の不換紙幣（紙幣本位制）は一〇〇〇年前の中国で生まれたとしている。その後、西欧社会でも紙幣本位制は踏襲されるが、そのほとんどの場合で（兌換紙幣からの脱却は）戦費の調達が理由であった。その上で記事は、国家の都合によって生み出された「歴史上のすべての紙幣制度は、ある程度の期間を経て、金融や経済の不安定化を経験し、急速な価値低下を伴った」（同前）と指摘。そして一九七一年のニクソンショックから四〇年が経過した、現行の紙幣本位制に対しても例外ではないと警告。「歴史的にみると、すべての紙幣制度は完全な失敗で終わるか、商品を裏づけとするマネーにタイミングよく戻るか、どちらかである。現行の紙幣制度の開始から四〇年が過ぎた今、我々はまた同じ岐路に直面している」（同前）と断じた。

ここ一〇年間の政府セクターの債務増加を省みると、この記事の内容はあながちまったくの杞憂だとは言えない。いつの世もそうだが、債務に苦しむ為政者は、往々にして財政ファイナンスに手を染める。インフレの歴史を紐解くと、俗にハイパーインフレと呼ばれる事象は、政府の恣意的な運営の帰結として起きている場合が多い。というより、ほとんどのケースでそうだ。過去には供給不足によるインフレもたびたび起きているが、先の大戦（とりわけ日本では空襲によって供給態勢が破壊された）やオイルショックを除けば、インフレ率が劇的に上昇したためしはほとんどない。
通貨の信認が喪失された場合こそが、本当に危険なのだ。

紙キレになりそうな先進国通貨

リーマン・ショック以降の気になるトレンドとして、「中央銀行の為政者への従属化」が挙げられる。平たく言うと、重債務国の中央銀行が政府の財布となりつつあるのだ。

実質的には紙としての価値しかない不換紙幣の場合、信任の維持はすべて中央銀行と政治の裁量に委ねられている。そうした事実を省みて、先進国を中心に一九七〇年代の後半から為政者と中央銀行の距離を遠ざけようという機運が高まった。その結果、見事にインフレは沈静化する。そして、エコノミストの言うところの「大いなる安定」（主要先進国における長期的な物価の安定、経済の成長、新興国の台頭）が訪れた。大いなる安定を経験したことから、インフレは完全に過去のものとなったと言い切る有識者も少なくない。

ところが、二〇〇八年のリーマン・ショックがすべてを変えた。二〇〇六年の時点で金融危機を正確に予測していたことで時の人となったヌリエル・ルービニニューヨーク大学教授は、リーマン・ショックをきっかけに世界は「大いなる不安定」の時代に入ったと断言している。古き良き時代は終わったということだ。

実際に強力なデフレ圧力と政府債務の急増に晒された先進国では、いよいよ中央銀行の独立性が脅かされようとしている。このことは、将来的なインフレを暗示しているに違いない。

ただし、徴税権を備えている政府は、民間セクターよりもはるかに信用力が高い。対GDP比で二五〇%の債務を抱えた日本がいまだに破綻を免れているのも、高い信用力のおかげだ。

しかし、ズバリ言うと日本を含めたいくつかの先進国は長期トレンドとして財政インフレに向かっている。これは間違いない。早ければ二〇二〇年代の前半、どんなに遅くとも二〇三〇年代には複数の不換紙幣が紙キレと化すはずだ。

実際、近年はその兆候が見え隠れしている。その代表例は、ハンガリーだ。二〇一一年末、欧州債務危機の余波を受けて窮地に陥ったハンガリー政府は中央銀行への影響力拡大を画策し、ＩＭＦ（国際通貨基金）やＥＵの警告にも耳を貸さず、ハンガリー議会は「新中銀法」を可決してしまう。すると大手格付け機関が一斉に同国をジャンク級（投資不適格）に引き下げ、結果的にハンガリーの通貨フォリントは大暴落した。非常事態に陥った議会は、即座に新中銀法を修正、中央銀行の独立を保つことを条件に何とかＩＭＦとＥＵからの支援を取り付けることができたのである。今後、こうした事態がその他の先進国で起きる可能性は決して低くない。

「われわれは、究極的には不換紙幣への信頼の喪失という紙吹雪の時代に向かっている。中央銀行は不換紙幣を守ろうとして、実は信頼を失墜させている」（二〇一六年八月二日付米バロンズ誌）。ウォール街でもっとも優れたアナリストの一人とバロンズ誌が評するジム・グラント氏は、こう警鐘を鳴らす。

残念なことに、政府債務の状況を省みると日本円は、「紙キレになりそうな先進国通貨ランキング」で一位に位置していると言わざるを得ない。

引き続き警戒が必要な民間セクターの債務

では、民間セクターの債務は無視してよいのか？　そうではない。世界全体で見るとリーマン・ショック以降は民間セクターの債務の伸び率が鈍化したが、精査してみると局所的には激しい増加を見せている。そういう地域の民間債務には、注意が必要だ。

まずは家計セクターだが、過去一〇年における家計債務の増加率はその前の一〇年間に比べて低下しているものの、以前の章で述べたように、オーストラリアなどでは不動産の高騰を主因とした家計セクターが明らかに過剰な債務を抱えている。

他方、企業セクターの債務にも警戒すべきだ。過去一〇年の企業セクターの債務は、それ以前の一〇年間よりも高い増加率を示している。その最大の原因は、中国だ。

これは私の勝手な予想だが、次の世界的なリセッション（景気後退）は新興国、あるいは一部先進国の民間セクターの債務がきっかけとなり、その後、先進国の政府セクターに飛び火するだろう。そして日本のような過剰に政府債務を抱えている先進国では、ヘリコプター・マネーなどの財政ファイナンス的な政策を余儀なくされる可能性が高い。

問題の新興国における民間セクターの債務問題だが、やはり主語となるのは中国だ。一三一ページの図をご覧いただきたい。ＢＩＳ（国際決済銀行）によると、二〇一七年六月末時点で中国の民間債務は対ＧＤＰ（国内総生産）比で二一〇％を突破している。このうちの七割が国有企業の債務となっている。それは額にして九四・一二九三兆元（約一五四四兆円）で、二〇一三年二月からおよそ八〇％も増加した。

近年、中国政府はにらみが利く国有企業を中心にデレバレッジを進めようと

世界、先進国、新興国の民間債務

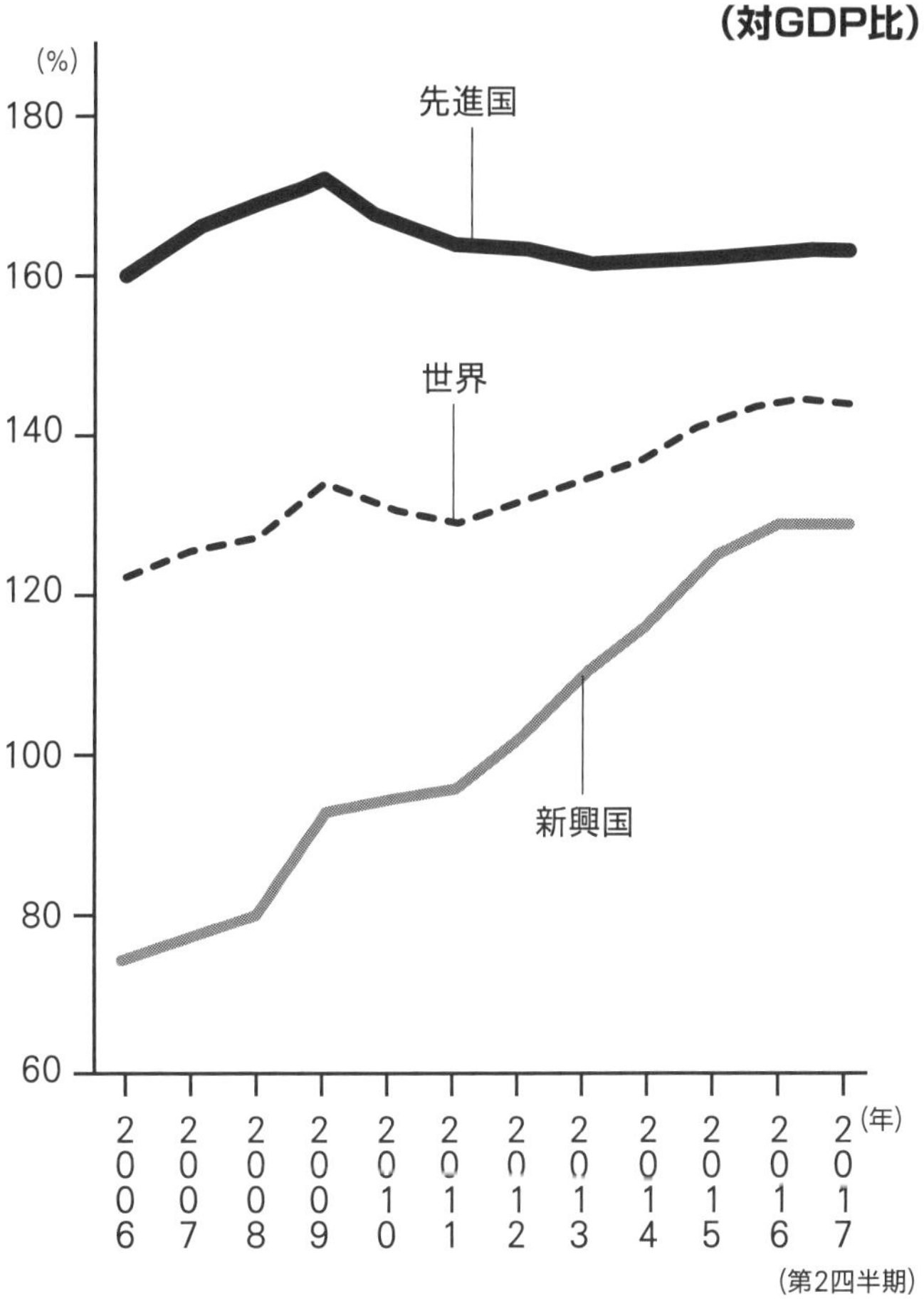

※金融機関向けを除く。市場価格、為替は購買力平価で調整
出所：国際決済銀行（BIS）

しているが、ほとんど効果を上げてない。それゆえ、ＢＩＳは二〇一八年三月一一日に発表した四半期報告において、「中国は金融システム危機が発生するリスクが最も高い経済体の一つだ」と改めて警告。さらには金融危機の早期警戒指標として知られる対ＧＤＰ比の総与信ギャップ（対ＧＤＰ比の総債務残高。ただし金融セクターを除く）が中国では二五九％にのぼるとし、それは「金融システムの崩壊を意味するレベル」だと訴えた。

中国の総債務残高（金融セクターを除く、対ＧＤＰ比）は、二〇一二年末の一九四・六％から二〇一七年九月末には二五六・八％と加速度的な増加を示している。内訳は、政府セクターが対ＧＤＰ比で四六・三％、企業セクターが同一六二・五％、家計セクターが同四八％だ。

ＣＭＥ（シカゴ・マーカンタイル取引所）グループの著名エコノミストであるエリック・ノーランド氏は、長年の研究の結果「国が抱える借金の総額は、公的債務と民間債務の合計額によって示される。これがＧＤＰの二五〇％に近づくと、金融危機のリスクが深く根を下ろすようになる」と結論づけている。

中国の民間債務

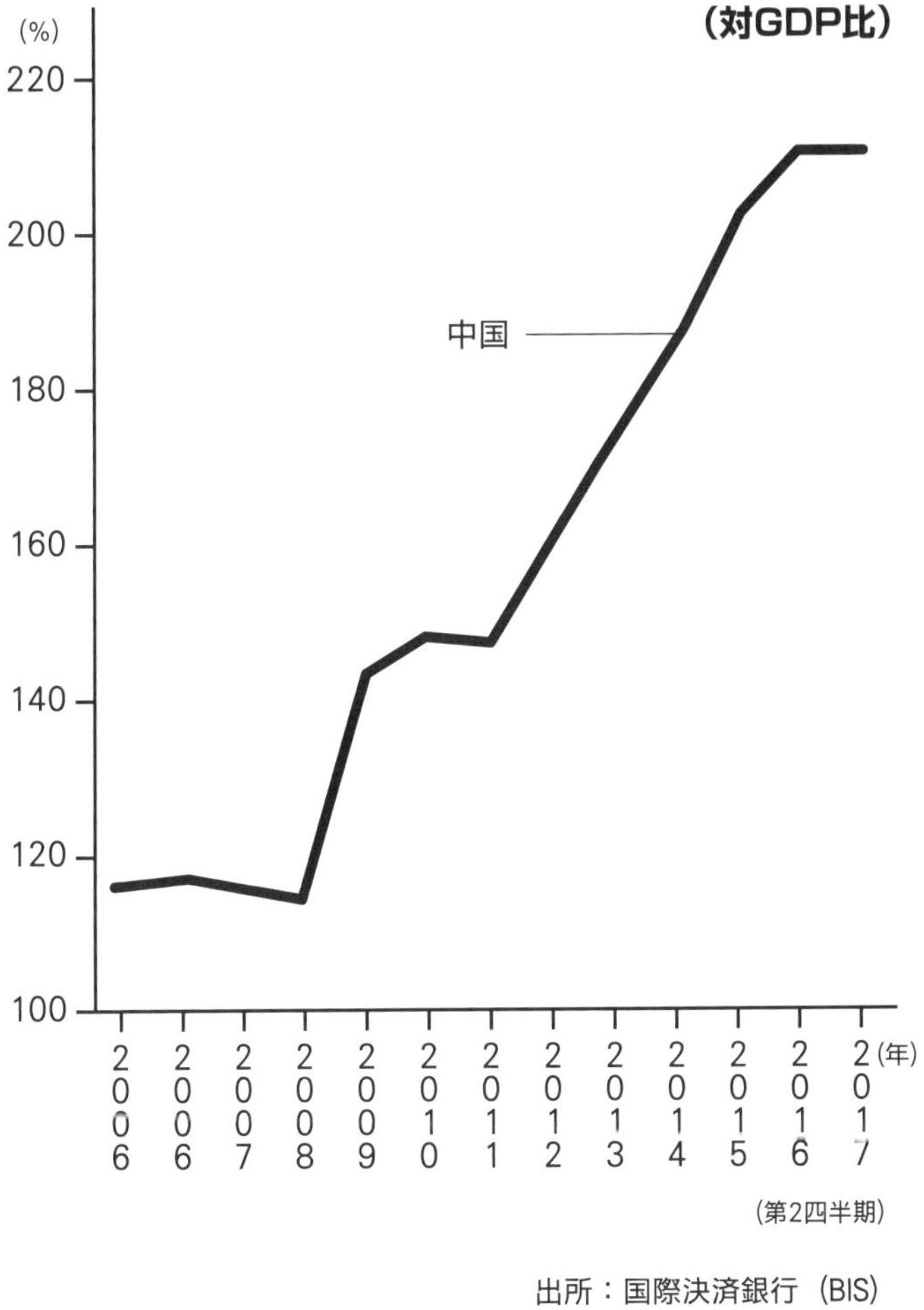

出所：国際決済銀行（BIS）

世界の企業でドル建て債務が拡大している

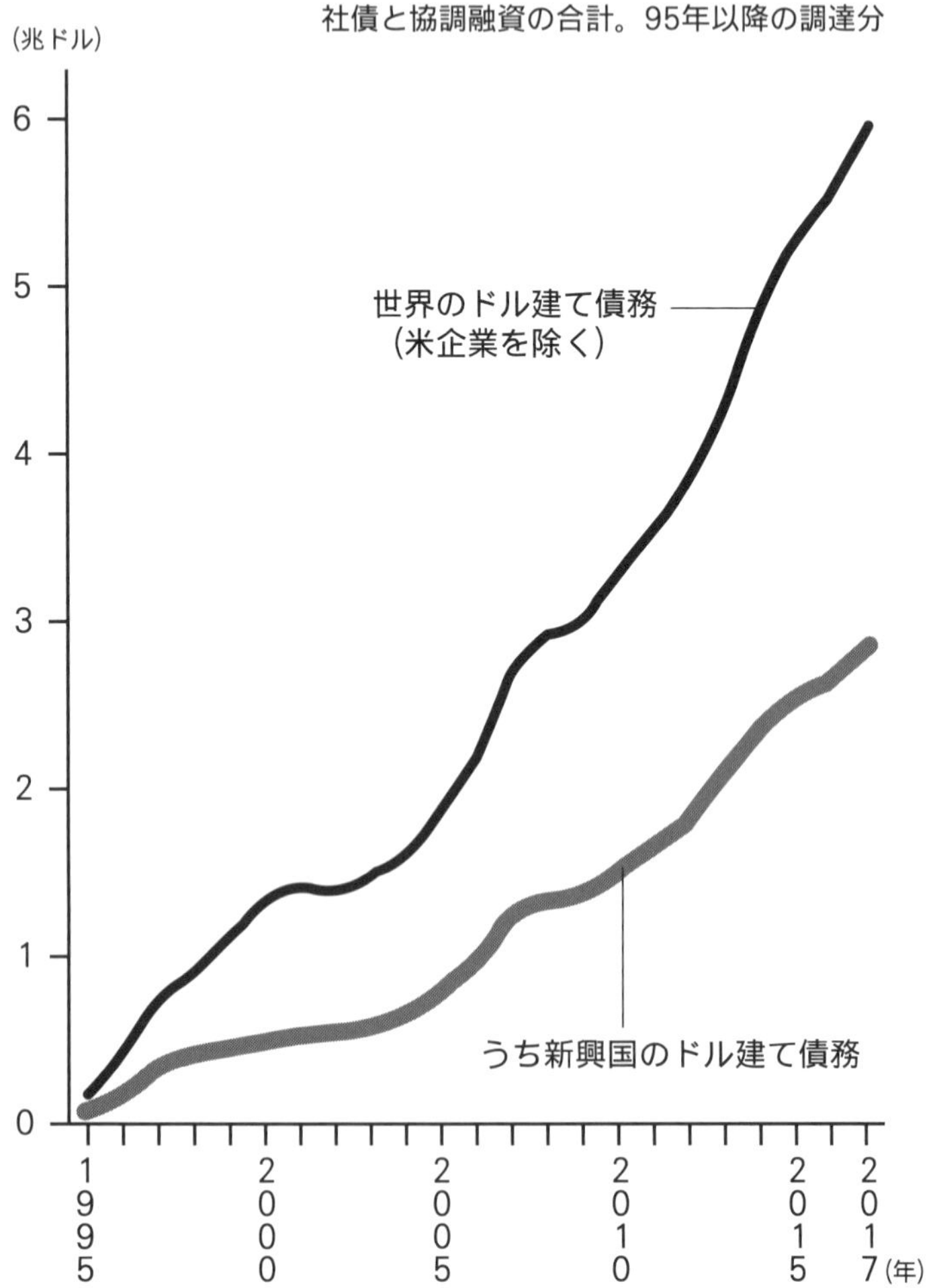

出所：ディールロジック

ドル建て債務のGDP比率は軒並み増えている

企業分で金融機関は含まない

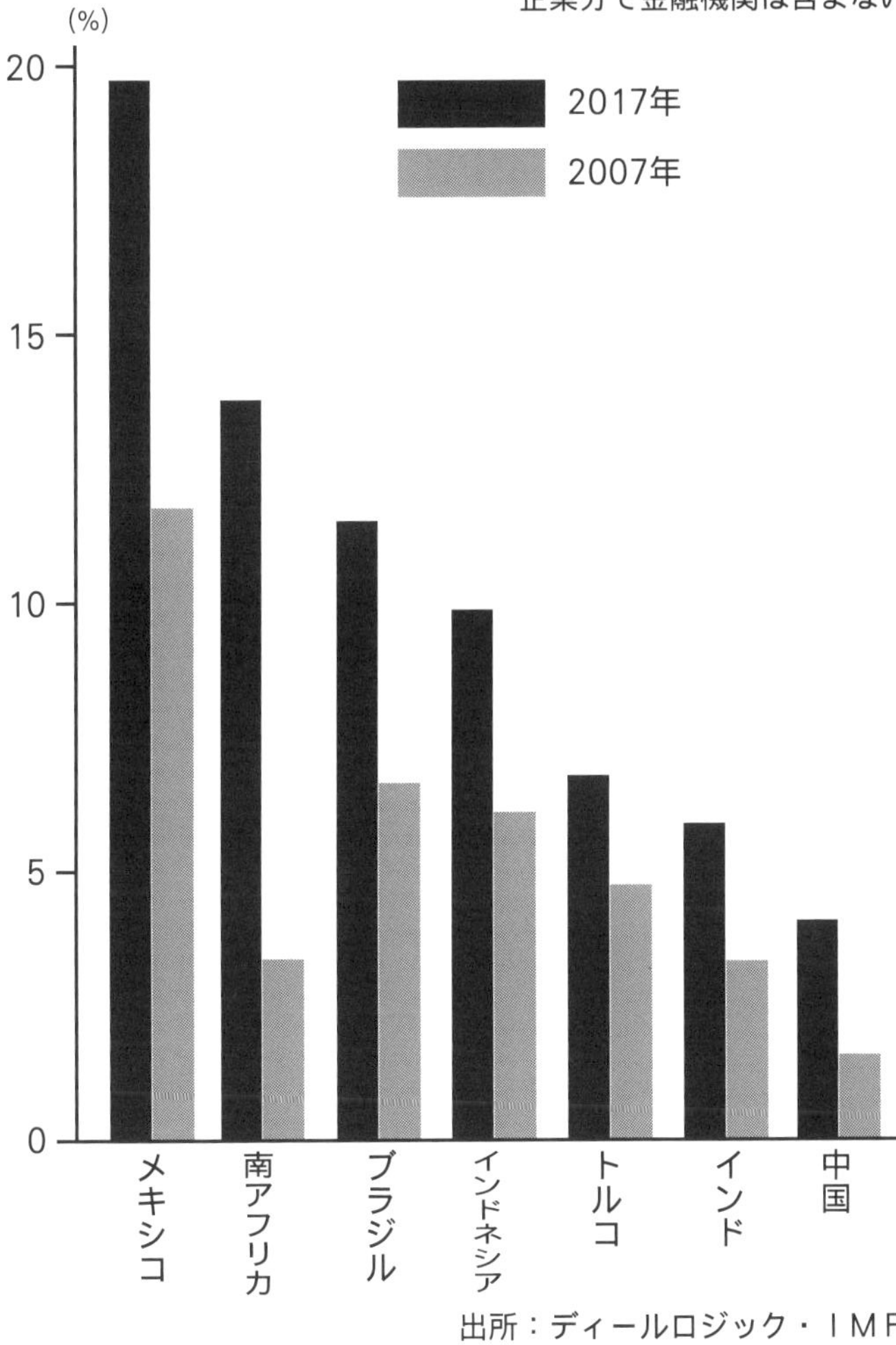

出所：ディールロジック・ＩＭＦ

同氏は、二〇一六年に発表した「債務まみれの国々：有事における脆さ」と題したレポートで世界中の投資家を震撼させた。

そして一九八九年の日本、二〇〇七年の米国、二〇〇九年の欧州諸国で、総債務残高（対ＧＤＰ比）が二五〇％を超えた直後に危機が起きたことを引き合いに、現在では中国と香港、オーストラリア、カナダ、シンガポール、そして韓国を筆頭とした多くの国が危機的な状況に瀕していると警鐘を鳴らす。

そこで私は、このレポートとＢＩＳの報告書を元に、総債務残高が対ＧＤＰ比で二五〇％を超えている（あるいは接近している）国を抽出し、「次回の金融危機を引き起こす恐れのある国」と「危機のきっかけとなる可能性は低いが、次なる危機に対して極めて脆弱な国」、そしてもう一つ「総債務残高は少ないが、企業セクターの米ドル建て債務が急増している国（ドル高に脆弱な国）」の三つに分類し、一三六ページから一三七ページの図にまとめた。

企業セクターの米ドル建て債務が急増している国についての補足だが、現在、新興国セクターを中心に米ドル建て債務が急増している。調査会社ディールロジックによると、米国を除く世界のドル建て債務残高は二〇一七年末時点で五兆九一五〇億ドル（そのうち、新興国は二兆八三五〇億ドル）。二〇〇八年から二倍に増えている。

前出ＣＭＥグループのエリック・ノーランド氏は、かつてのアジア通貨危機やアルゼンチンのデフォルトを引き合いに出し、「金融危機は、債務の水準がずっと低いときにも起こり得る」と指摘する。「新興国の問題でしょう?」と過小評価しない方が良い。先のアジア通貨危機においても、タイのバーツ危機が瞬く間に世界中へ波及するとは、誰も想像していなかった。

債務の船は沈む

「世界経済は救命ボートなしで大海原に放り出されたようなものだ」――これは英ＨＳＢＣでチーフ・グローバルエコノミストを務めていたスティーブン・キング氏が二〇一五年に発表した「世界経済のタイタニック号のような問題」

次回の金融危機を引き起こす恐れのある国

※2017年9月末時点の総債務残高の対GDP比

中国	256.3%
香港	368.9%
カナダ	289.3%
オーストラリア	236.1%
ニュージーランド	205.0%
スイス	272.6%
ノルウェー	282.8%
スウェーデン	275.6%
韓国	232.7%

※上記の国はいずれも不動産バブルが生じている

総債務残高は少ないが、企業セクターの米ドル建て債務が急増している国

※2017年9月末時点の総債務残高の対GDP比

メキシコ	77.2%
南アフリカ	127.7%
ブラジル	144.5%
インドネシア	68.1%
トルコ	113.0%
インド	124.8%

危機のきっかけとなる可能性は低いが、次なる金融危機に対して極めて脆弱な国

※2017年9月末時点の総債務残高の対GDP比

ルクセンブルク	443.6%
日本	372.5%
アイルランド	338.1%
ベルギー	338.0%
ポルトガル	320.8%
フランス	302.7%
ギリシャ	295.6%
オランダ	289.8%
シンガポール	284.6%
英国 ※ただし、ブレグジットの如何によっては「次回の金融危機を引き起こす恐れのある国」に分類される可能性あり	279.6%
スペイン	269.7%
イタリア	262.7%
米国	250.9%
フィンランド	246.0%
オーストリア	230.3%

と題したレポートで述べていたことだ。このスティーブン・キングという人物は英国を代表するエコノミストで、英メディアが彼のことを「将来のイングランド銀行（中央銀行）総裁候補」と書き立てることも少なくない。欧州でも五本の指に入るエコノミストだと評されている。

そのキング氏の警告は、発するタイミングが早すぎただけであり、私に言わせると同氏の警告は今もなお有効だ。内容は完全に的を射ている。世界経済という客船の行く手には、相当な確率で氷山（危機）が待ち構えており、しかも救命ボートを持ち合わせていない。

キング氏はレポートで、「主要先進国では軒並み金利ゼロ％に達し、債務レベルが記録的に最悪な状態にあり、また金融刺激策を講じる余地もほとんどないことから、世界の金融当局が次に起こるであろう金融危機に対して、驚くほど何もできない状態である」と警告した。そして現在の世界経済を、タイタニック号に喩えて「救命ボートのない外洋客船が、巨大な氷山に向かって突き進んでいるようなもの」だと断じている。

米国株の歴史的な大調整

時　期	調整幅	主な出来事と背景
1929～1932年	8割超	**世界大恐慌**（経済への楽観の修正）
1937～1942年	5割超	**第2次世界大戦**（国際関係の悪化）
1973～1974年	4割超	**第4次中東戦争**（国際関係の悪化）
2000～2003年	5割程度	**ITバブル崩壊**（経済への楽観の修正）
2007～2009年	5割程度	**リーマン・ショック**（経済への楽観の修正）

出所：S&P500種株価指数、ロバート・シラー教授のホームページ

キング氏の世界経済に対する見解は、至ってシンプルだ。それは、世界経済を新たな危機が襲えば「次はない」というもの。次の危機に対応する手段を、世界中の金融当局が持ち合わせていないというのだ。そして恐ろしいことに、世界経済はその次なる危機に向かっているとキング氏は主張している。

前述したように、次の危機は一部先進国の家計債務、あるいは中国を中心とした新興国の企業債務（特にドル建て債務は脆弱だ）が引き起こす可能性が高い。そして、その危機はグローバルに展開し、救命ボートを持ち合わせていないいくつかの先進国は、不換紙幣の信認喪失という究極の危機に瀕するだろう。残念ながらその筆頭候補は、この日本だ。

誰しも、「今回は違う」（今回だけは例外だ）と思いたい。以前に比べて金融政策が格段に進化したことにより恐慌やハイパーインフレは回避できるという声も一部にはある。しかし、それは過信だ。むしろ、過信（慢心）したときにこそ危機は忍び寄る。

一九一二年に海の底へ沈むこととなったタイタニック号は、完成した当時、

「神でも沈めることができない船」だと喧伝された。一説によると、英国のとある技術関連の雑誌が「事実上の不沈船」と書いたところ、他のマスコミが不沈船という言葉だけを切り取って広めたことから、人々が勘違いしたとされる。その結果、誰一人としてタイタニックに悲劇的な運命が待っているなどと思いもしなかった。

しかし、一人だけ「この世に不沈船など存在するはずがない」と考えていた人物がいる。同船のエドワード・スミス船長だ。彼は、こういった言葉を残している——「鉄でできた船が沈まないわけはないだろう」。

そう、いつの世も慢心は悲劇を拡大させる。それは世界経済についても同じだ。借金を永遠に続けることなどあり得ず、どこかで必ず氷山に激突して沈むだろう。そのとき、「そんなはずがない」という論理は通用しない。

第五章
「恐慌」経由「国家破産」
——今後、起きること

膨張を続ける〝資産バブル〟

多くの人にとって、恐慌は突然やって来る。資産バブルが突如崩壊し、それまでの好景気が嘘のように一転、深刻な景気後退に陥る。たとえ前兆があったとしても、それに気付く人はほとんどいない。二〇一八年二月に突如襲った株の暴落は、「適温相場」と称される異常なまでに安定した市場を久しぶりに動揺させた。この暴落がすぐに恐慌の引き金を引くことはないだろうが、ある種の前兆となる可能性は高い。

世界を恐慌の瀬戸際へと追い込んだ二〇〇八年の金融危機は記憶に新しい。そのあまりの深刻さのため、その直後世界恐慌の再来が大いに懸念されたが、実体経済はなんとか持ちこたえた。この時は一九三〇年代の世界恐慌の反省から、なりふり構わぬ景気対策が取られた。世界各国が空前規模の金融緩和と財政出動を実施したことで、なんとか景気の底割れを防いだのだ。

日本だけでなく、欧米諸国の金利も軒並み引き下げられ、世界的に金利はゼロ近辺にまで低下した。しかし、政策金利をゼロにしてもこの未曽有の金融危機は正常化せず、各国の中央銀行は国債その他の証券を買い取り、資金を市場に流す量的緩和を大規模に行なった。

買い取った国債や証券などにより、中央銀行の資産は膨張して行った。日米欧の中央銀行の資産は二〇〇七年末に合計で四〇〇〇兆円程度だったが、二〇一七年末には合計一六〇〇兆円程度まで増加した。つまり、日米欧の中央銀行の資産は一〇年で約一二〇〇兆円増加し、約四倍になったのである。日米欧だけで、これだけ巨額の資金を市場に供給したということだ。こうして世界は、なんとか恐慌を回避した。

この量的緩和は重大な副作用を生むことになる。市場に吐き出された大量のマネーがリターンを求めて様々な市場へと向かい、株や不動産をはじめとする資産バブルを膨張させた。ＮＹダウは金融危機による暴落で二〇〇九年三月に七〇〇〇ドルを割り込んだが、その後はほぼ一貫して上昇を続け、二〇一八年一月には二万六〇〇〇ドル台を付けた。日本株も負けていない。日経平均株価は二〇〇八年一〇月に七〇〇〇円を割り込んだ後、数年間の低迷を経て二〇一二年秋以降、アベノミクスの追い風を受け、急ピッチで上昇して行った。二〇一八年一月には、二万四〇〇〇円台を付けた。NYダウは約九年で三倍以上になり、日経平均にいたってはわずか五年ほどで約三倍に高騰したのである。

当然、高値警戒感は高まる。しかし、市場参加者はバブル崩壊の恐怖に怯えつつも、株を買い続けた。株が上昇を続ける以上、売りを仕掛けても儲からないからだ。こうして二〇一七年には、世界で三〇ヵ国以上の株価指数が最高値を更新した。

株の高騰が象徴するように、景気も拡大が続く。現在の米国の景気拡大は、二〇〇九年六月に始まりすでに九年近くにおよぶ。戦後の平均で五八・四ヵ月、つまり五年程度だからいかに現在の景気拡大局面が長続きしているかがわかる。過去最長の景気拡大の記録は一九九一年三月~二〇〇一年三月までの一二〇ヵ月（一〇年）であるが、これを更新する可能性も出てきた。

一方、日本の景気拡大は、二〇一二年一二月に始まり六年目に入った。戦後の最長記録は二〇〇二年一月〜二〇〇八年二月までの七三ヵ月であり、やはり記録更新が視野に入りつつある。

不安定さを増す市場

株高にしろ好景気にしろ、いずれは終わりを迎える。それがいつになるのか誰もが気になるところだが、残念ながら次回の資産価格と景気の反転は、非常に深刻なものになる可能性がある。

二〇〇八年の未曽有の金融危機を受け、世界は極めて異例かつ大胆な金融緩和を行ない恐慌を回避した。その結果、非常に息の長い景気拡大がもたらされたが、多くの人々にとって実感は乏しく高揚感などまったくない「好景気」となっている。あれほどのバラ撒きを行なった割には、成長率が伸びない。物価も賃金も金利も上昇が鈍い。経済の体温が上がらないため、緩和の出口つまり緩和の縮小や利上げもままならない。それがまさに〝適温相場〟を生んだ。

市場にバラ撒かれた巨額の緩和マネーは収益を求め、株、不動産、ハイイールド債、さらには仮想通貨までありとあらゆるリスク資産へと向かった。つまり経済の低体温状態が適温相場を生み、それが資産バブルを膨張させているわけだ。

ただ、この上ないほどに安定していた二〇一七年から一転、二〇一八年に入り市場は不安定さを増している。二〇一八年二月上旬に急落した株式市場は二月中旬以降、一旦落ち着きを取り戻したものの、三月下旬に再び波乱に見舞われた。ＮＹダウは三月二二日には前日比で七二四ドルも下落したのだ。トランプ大統領が、中国製品を対象に大規模な関税をかけることを表明したことがきっかけとなった。これにより、中国が米国製品に関税をかける対抗措置を取り、米中貿易摩擦が激化する懸念が高まり株価が急落した。

中間選挙が近付く中、実績作りに焦るトランプは保護主義を強めている。トランプによる保護主義は、かねてから警戒されてはいた。ただ大統領就任から一年以上が経ち、過激な保護主義は貿易戦争を招き結局は米国の国益を損ねることになるから、さすがのトランプも控えるに違いないとの見方が多くの市場参加者の間で主流になっていたが、見事に梯子を外された格好だ。

同じ時期、日本株も大きく値を崩した。米国株に連動した格好だが、日本独自の悪材料も日本株に冷や水を浴びせた。その悪材料はいわゆる「森友問題」だ。同年三月に、森友学園への国有地売却に関する財務省の決裁文書改ざんが発覚し、報道各社による世論調査で安倍内閣の支持率が軒並み急落した。

内閣支持率の急落に歩調を合わせるように、日本株も急落した。日経平均株価は、三月二三日には前日比九七四円安と大幅な下落となった。実は、三月下旬の株価下落については、米国株や欧州株などに比べ日本株の下落がきつかった。米国株安という売り材料に加え、リスクオフ（リスク回避）の円高、さらには森友問題という悪材料が重なったためだ。

その後、森友問題に加え、加計学園問題、自衛隊の日報問題、財務省事務次官のセクハラ疑惑など不祥事が相次いだ。株高を支えてきた安倍一強の構図が揺らぎ始め、安倍首相の退陣も絵空事ではなくなってきた。もしも安倍首相退陣ともなれば、景気が失速する可能性は高い。一時的にせよ、アベノミクスというバラ撒きがなくなるのだから当然だ。日本株も大きく下落するだろう。

この資産バブルはいつまで続くか？

金融危機から約一〇年。市場には歪みがたまりにたまっている。歪みの蓄積が限界に達すれば、市場には激震が走り、壮大なバブルは音を立てて崩れ落ちるに違いない。ただ、その限界に達するまでには若干の時間的猶予があるだろう。このバブルが弾けるまでには、もう少し膨張の余地があると私は見ている。

トランプ大統領はここにきて、選挙公約の実現に邁進している。二〇一七年一二月には、一〇年で一・五兆ドルという大型減税法案を成立させた。これにより連邦法人税率は三五％から二一％に引き下げられ、レーガン政権時の一九八六年以来、約三〇年ぶりの抜本的な税制改革となった。

さらに二〇一八年二月には、一〇年で一・五兆ドル規模のインフラ投資計画を発表した。連邦政府が二〇〇〇億ドルを拠出し、地方政府や民間資金をインフラ投資に呼び込み、総額一・五兆ドルを目指すという。

当然、これほど巨額のバラ撒きを行なえば、米国景気は押し上げられる。しかも、これらの大規模な「経済対策」が好況時に行なわれるのだ。ご存じのように、通常、減税や公共投資などの財政政策が行なわれるのは不況時だ。現在のアメリカはどうか？　前述のように、過去最長の記録更新を伺うほどに息の長い景気拡大局面にある。

確かに金融危機によるダメージの深さもあり、景気回復に力強さはないが、それでも二〇一五年一二月以降、二〇一八年三月まで六回の利上げを実施しており、今後も当面は年に三、四回程度の利上げを続ける見通しだ。このような好況時に、これほど強力なカンフル剤を投入するわけだから、米国景気はさらに押し上げられる可能性が高い。

トランプ政権による大型減税は、すでに米国の企業を動かしている。減税で浮いた資金を元手に、多くの企業が賃上げや国内投資を増やしているのだ。IT大手アップルは、今後五年間で米国内に三〇〇億ドル（約三兆三〇〇〇億円）投資し、二万人を新規雇用すると発表した。このような状況を考えると、アメリカの景気拡大はもうしばらく続くと考えられる。

日本についてはどうか？　日本の景気の転機になりうるイベントは二つある。一つは二〇一九年一〇月に予定されている消費増税、もう一つは二〇二〇年夏の東京オリンピックだ。前者については増税前の駆け込み需要で、それは増税の直前まで発生する。後者については建設業を中心とする特需が見込まれるが、大会が近付くにつれ関連施設や建造物、各種インフラの整備は終了するから需要は次第に減衰する。それでも増税前の駆け込み需要とオリンピック特需は、あと一年程度は景気に十分な追い風を与える可能性が高い。

そういう意味では、トランプの保護主義や安倍内閣の支持率急落は株式市場に冷や水を浴びせたが、逆にバブルが膨張に向かう過程の良いガス抜きになったと言える。ガス抜きを終え割高感が弱まった株式市場は、あともうしばらく上昇を続けるだろう。しかし、問題はその後だ。資産バブル崩壊の時期は、それほど先の話ではないのである。

資産バブルを崩壊させるのは金利上昇か？

通常、景気拡大局面では中央銀行はインフレを抑えるために金利を引き上げる。ただ、金融引き締めのペースが速すぎれば、景気を腰折れさせてしまう。現在の景気拡大は未曽有の金融危機からの回復過程ということもあり、過去に例がないほどの金融緩和と財政出動を行なったにも関わらず、力強さに欠ける。物価上昇も鈍いため、ＦＲＢ（連邦準備制度理事会）は慎重に利上げを進めてきた。二〇一五年一二月に利上げを開始してから、すでに二年以上が経過したが、アメリカの政策金利は二〇一八年四月時点で一・五〜一・七五％という低水準に留まる。

この状況は、アメリカに限ったことではない。多くの先進国で政策金利は二％に満たない。日本に至っては、戦後二番目に長い景気拡大局面にあるにも関わらず、日銀は一度も利上げすることができず利上げ実施のめどすら立たない状態が続く。

利上げに慎重な各国の金融政策は、景気拡大と株価の上昇を後押ししたわけだが、この状態がいつまでも続くことはあり得ない。実際、アメリカの長期金利も二〇一六年夏頃から上昇傾向で推移している。二〇一八年四月には、ついに三％の節目を突破した。

アメリカの利上げのペースも、市場金利の上昇ペースも順調かつ緩やかなものであれば、企業業績の拡大が利払い負担の増加を上回り、さらなる景気拡大、さらなる株価上昇をもたらすだろう。しかし、利上げおよび金利上昇が想定よりも速いペースとなった場合は、利払い負担の増加が景気に急ブレーキをかけ、株価を大きく下落させることになる。

どちらに転ぶかは、今後のインフレ率の動向が鍵を握る。物価上昇ペースが上がれば、金利上昇ペースも上がり、景気減速と株価の大幅下落のリスクが高まる。実際、アメリカの物価はここ数年、上昇傾向で推移している。消費者物価指数は二〇一五年には前年比ゼロ％近辺まで落ち込んでいたが、二〇一八年二月には前年比二・二％となった。今後、物価上昇圧力が高まれば、利上げも市場金利の上昇も加速するだろう。教科書的な話だが、金利の急騰が資産バブルを崩壊させるシナリオが考えられる。

本当に恐いのは、低金利下の資産バブル崩壊

ただ、アメリカの物価が上昇基調にあるのは確かであるが、その勢いは鈍いと言わざるを得ない。アメリカの消費者物価指数は、トランプ大統領就任直後はもっと高かった。二〇一七年一月は前年比二・五％、翌二月は前年比二・七％もあったのだ。

そこから一年間、アメリカの物価上昇はむしろ鈍化していると言える。しかも、二〇一七年はほぼ一貫してドル安が進行した。ドル安になれば、アメリカ

の輸入物価は上昇する。また、原油をはじめ銅やアルミなどの原材料価格も上昇しており、これについても物価に上昇圧力をかける。このように景気拡大に加え、ドル安、原材料価格上昇というインフレ要因があったにも関わらず、物価はさほど上昇しなかったわけだ。

また、金融危機への対応で各国がとてつもない額の資金供給を行なったにも関わらず、インフレの加速は見られなかった。その大きな要因の一つに、グローバル化とIT化が挙げられる。グローバル化が商品の製造コストを下げ、IT化が商品の販売コストを下げ、また価格を均一化させた。これらが様々な商品の価格に下落圧力をかけるわけで、これはもはや構造的な問題と言える。いずれにせよ、近年、物価が世界的に上がりにくくなっているのは間違いない。

そういう意味では、今後もアメリカのインフレ圧力が高まらず、金利が大きくは上昇しない可能性もある。その場合、これまでの適温相場が継続し、株式相場はさらに上昇する可能性が高い。

しかし、このシナリオは一見すると市場に優しいが、まったく楽観できない。

物価は、「経済の体温」とも呼ばれる。物価が上がらないということは、経済の低体温すなわち低成長が続くということだ。実体経済が伸び悩む中、株式をはじめとする資産価格だけが上昇を続ければ、株価は実体経済からどんどん乖離して行く。その乖離こそ、まさしくバブルだ。

実体経済からの乖離が限界に達すれば、膨張したバブルは遅かれ早かれ弾ける運命にある。そのきっかけとなるのは、必ずしも金融引き締めや金利の急騰とは限らない。低金利下のバブル崩壊も、十分考えられるシナリオだ。

実は、このシナリオこそが恐ろしいのだ。実体経済が好調で、それを反映して資産価格も上昇して行くなら、物価や賃金も上昇し、中央銀行は景気過熱を防ぐため政策金利を引き上げ、市場金利も上昇する。景気後退時にも十分な利下げ余地ができる。ところが、現在のように、低金利の状態でバブルが膨張し、そして崩壊した場合、景気後退時の利下げ余地がほとんどないわけだ。あっと言う間に、金利はゼロになり、量的緩和政策に逆戻りすると予想されるが、おそらく景気回復効果はたいして期待できないだろう。

それは、リーマン・ショック後の空前規模の金融緩和の実施にも関わらず、実体経済が伸び悩んでいる状況を見ればわかる。

二〇二〇年、世界は恐慌を回避できるか？

今後、株や不動産などの資産バブルが本格的に崩壊した場合、二〇〇八年の金融危機を上回る事態がやってくるだろう。前回は、強力な金融緩和と財政出動が恐慌を回避した。では次回についても前回と同様、恐慌を回避することができるだろうか？　答えはノーだ。というのも、その時にはまともに打てる手がほとんどないからだ。

継続的に利上げを進めているアメリカでさえ、利下げ余地はごくわずかだ。日本やEUに至っては政策金利はほぼゼロであり、今後一、二年のうちに金利が大幅に引き上げられる可能性は極めて低い。つまり、利下げ余地はほとんどないわけだ。マイナス金利という手もなくはないが、預金者の反発、預貸金利ザヤ縮小による金融機関の経営悪化など、その副作用が非常に大きいことはすでに実証ずみだ。マイナス金利を深掘りすれば、金融機関の連鎖破綻も絵空事ではない。

財政政策についても厳しい状況だ。金融危機以降、ユーロ圏こそ財政収支は著しく改善したが、日米両国については財政収支の改善はお世辞にも十分とは言えず、政府債務残高も増加の一途をたどる。しかも、日米両政府とも景気拡大局面にあるにも関わらず、現在もなお財政支出による景気刺激を続けている。好況時に積極財政を行ない、財政を悪化させているようでは、いざ景気が腰折れした時に財政支出を十分に増やす余力がなくなってしまう。

もちろん、それでも国債を増発して財政支出を増やすことは可能だ。しかし、それはもはや「積極財政」というよりも「放漫財政」と呼ぶにふさわしく、財政に対する信認の著しい低下を招くリスクが非常に高い。はっきり言って、国家財政の自殺行為と言えよう。

金融政策にしろ財政政策にしろ思い切った対策が取れない以上、資産バブル崩壊に伴う景気の急激かつ極端な後退（＝恐慌）は避けられないだろう。

そして、それは決して遠い先のことではない。アメリカはトランプ政権による大型減税とインフラ投資、日本は消費増税前の駆け込み需要と東京オリンピックに向けた特需。これらの要因により、日米株バブルの膨張はしばらく続くと考えられるが、パンパンに膨れ上がったバブルはついに限界を超え、破裂するに違いない。その時期は、おそらく二〇二〇年頃になるだろう。

恐慌は、人々の生活を破壊する

資産バブルの崩壊により、あらゆることが逆回転する。株や不動産などの資産価格の暴落により、資産家の購買力は一気に落ち込む。当然、消費は冷え込む。特にアメリカは、家計金融資産のうち株式や投資信託の割合が五〇％近くを占め、この逆資産効果の影響は大きい。

消費が落ち込めば、多くの企業の売り上げが落ち込み、業績が悪化する。倒産する企業も増える。従業員の賃金は伸びず、失業者も増えるなど雇用が悪化する。それがさらに消費を冷え込ませ……というようにデフレスパイラルの悪循環にはまり込む。やがて、恐慌と呼ぶにふさわしいほどに深刻な景気後退に陥る。

恐慌ともなれば、多くの企業の業績は悪化に歯止めがかからない状態になる。通常の不況のレベルではない。前回の世界恐慌では、一九二九年～一九三二年までの三年間で、アメリカの名目ＧＮＰはほぼ半減した。あらゆる企業努力も空しく、売り上げも利益もどんどん減って行く。

効果のある対策はコスト削減のみという状況で、リストラの嵐が吹き荒れる。能力のない社員はもちろん、それまで会社に十分貢献してきた有能な社員さえもリストラの対象になり得る。平社員はもちろん、管理職も安泰ではない。いや給料が高い分、管理職こそリストラの最有力候補になる可能性が高い。リストラの対象から外れるのは唯一、この厳しい状況の中でも、会社にダイレクトに十分な利益をもたらす社員だけだ。「真面目」「勤勉」といった日本の伝統的な美徳には、もはや何の価値もない。

非情のリストラによりなんとか生き残る企業もあるが、倒産する企業も出る。特に、大企業が破綻した場合の影響は甚大だ。大企業から下請けの仕事を得ている中小企業をはじめ、関連する多くの企業が仕事を失う。連鎖破綻も絵空事ではなくなる。

こうして多くの人々が職を失う。一九三〇年代の世界恐慌の際には、一九二九年に三％程度だったアメリカの失業率が一九三三年には二五％程度まで上昇した。実に、四人に一人が失業という状態で、失業者は一二〇〇万人を超えた。

恐慌は金融危機を伴うため、銀行経営も圧迫される。信用不安と信用収縮が発生し、取り付け騒ぎが相次ぎ、多くの銀行が破綻する。老後に備えてコツコツ貯めてきた銀行預金が手元に戻ることは期待しない方が良い。

「預金保険があるではないか」と思われるかもしれない。確かに、日本では銀行が破綻しても、預金額一〇〇〇万円（プラスその利息）までは預金保険機構が補償する。単発の銀行破綻であれば必ず補償されるだろう。ましてや、大手都銀など影響の大きい銀行が破綻した場合は、パニックを恐れる政府は預金を全額補償する特例措置を取ることも十分考えられる。

「それなら心配ないじゃないか」という声が聞こえてきそうだが、甘い！　恐慌による銀行の破綻が一行や二行などということはまず考えられない。非常に多くの銀行がバタバタと連鎖的に破綻して行くはずだ。何十、何百もの銀行が破綻した場合、規定通りに預金の返還を補償する資金などあるわけがない。ちなみに前回の世界恐慌では、一万行もの銀行が閉鎖に追い込まれ、一九二九年～一九三二年までの間に総貸付額はほぼ半減した。

恐慌は基本的にデフレであるから、物価は下落する。アメリカの一九三三年の卸売物価は一九二九年に比べ三一％下落した。物価の下落は、相対的に通貨価値を高める。モノよりお金を持っている方が強いわけだ。そのため、お金を借りている人間は非常に苦しい。企業にしろ個人にしろ債務負担は大きくなり、過剰債務に耐え切れず破綻する企業や個人が続出する。お金を貸している銀行も厳しい。債権回収が滞り、不良債権の増加により多くの銀行が経営に行き詰まる。

恐慌時には労働者の賃金も大幅に下落するが、それでも失業者に比べればはるかにマシである。大不況下、ひとたび職を失えば就職は困難を極める。不況が終わらない限り、無収入が続くわけだ。一方、就業さえしていれば給料が大幅に減ったとしても収入は得られる。しかも物価が下落するため、生活コストは抑えられる。

仮に、大恐慌で給料が半分になったとしよう。その時、物価が三〇%下落すれば、実質賃金は二〇%の減少ですむ。これなら生活レベルをそれまでの八割に落とせば良いわけで、野垂れ死には免れる。このように、収入があるのとないのとでは、まさに天国と地獄ほどの違いがある。恐慌時には、現金収入を確保することがいかに大切であるかということだ。恐慌（デフレ）時は、「モノよりお金」なのである。

日本は恐慌から国家破産へ

当然、恐慌の荒波は日本にもおよぶ。リーマン・ショックの際も、日本株は大きく下落した。二〇〇八年九月に一万二〇〇〇円台を付けていた日経平均は、翌一〇月には一時七〇〇〇円を割り込んだ。わずか一ヵ月ほどで五〇〇〇円もの大暴落となった。金融危機は外需に依存する日本経済に大打撃を与えた。景気は一気に冷え込み、経済成長率は二〇〇八年、二〇〇九年と二年連続でマイナスとなった。雇用も悪化し、完全失業者数は三〇〇万人、完全失業率は五％をそれぞれ超えた。

二〇二〇年頃に訪れるであろう恐慌は、二〇〇八年当時以上に日本にとって厳しいものになるに違いない。企業の連鎖破綻、失業者の増加、貧困の拡大など、それまで誰も経験したことのないようなすさまじい景気の落ち込みに見舞われるだろう。

しかし、わが国にとってはそれはまだ危機の序章にすぎない。日本には「国家そのものの破綻」というリスクがくすぶっているのだ。何しろ日本国政府の債務は空前絶後の規模である。国債、借入金、政府短期証券を合計した「国の借金」（地方を含まない中央政府のみの数値）は、二〇一七年末時点で一〇八五兆七五三七億円に達し、過去最大を記録した。ＩＭＦの統計によれば、ＧＤＰ比の政府債務残高（地方を含む）は二四〇％前後にのぼり、断トツの世界ワースト一位である。

アベノミクスによる好景気により、税収はここ数年で大幅に増えた。二〇一八年度予算案では税収は五九兆円を超え、バブル期並みの水準を見込む。一方、借金の利払いに直結する金利は極めて低い水準が続く。長期金利に至っては、日銀の金融政策によりゼロ％近辺に誘導され、ほとんど動かない状況だ。収入が増え、利払い負担が減るわけで、巨額の債務を抱える政府にとってこれほど都合の良い環境はない。さすがに「国の借金」の増加ペースは、緩やかになっている。

「国の借金」の推移

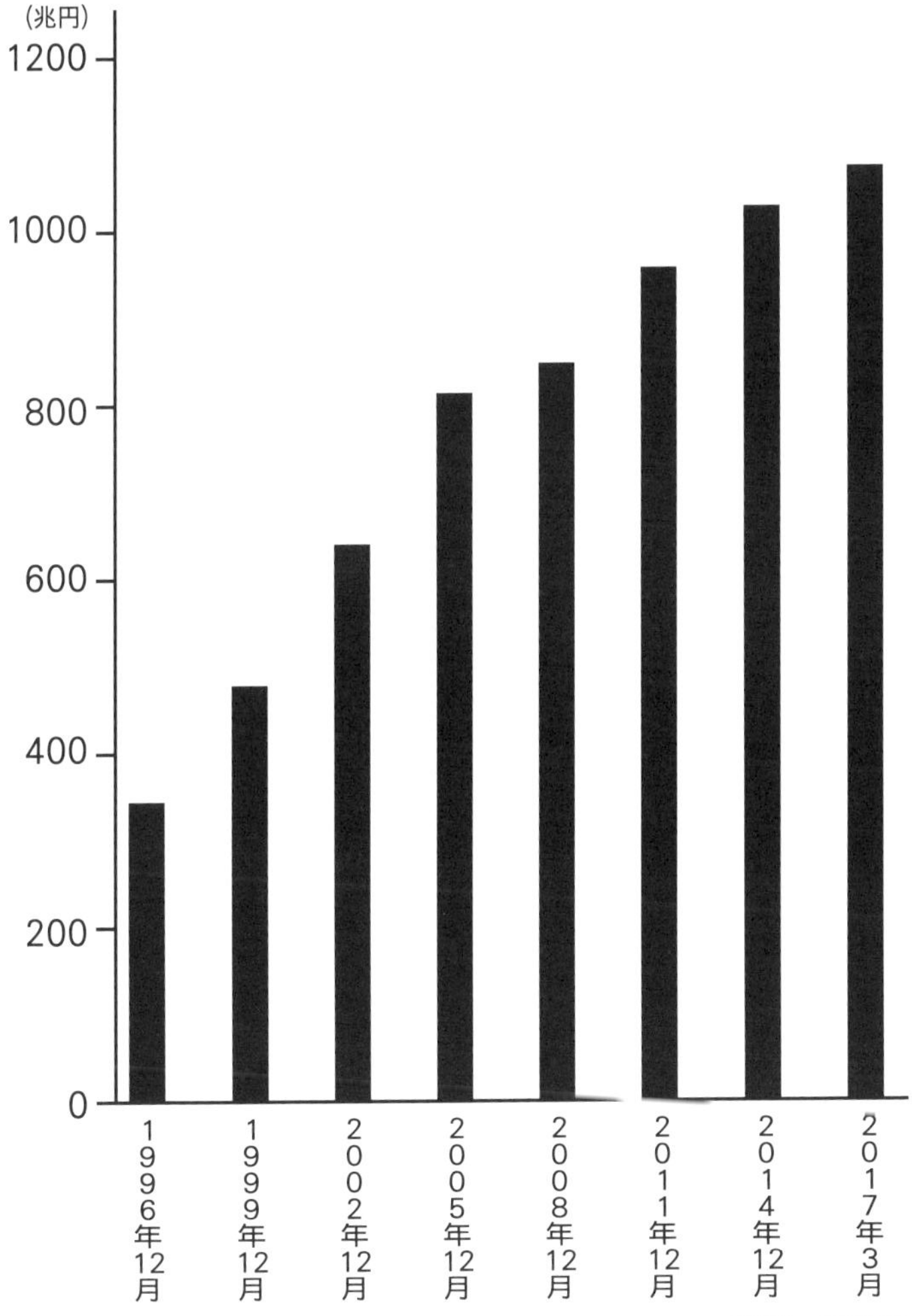

出所：財務省

しかし、恐ろしいのは、財政にとってこれほど絶好の環境にありながら、借金が減らないという事実だ。現在の景気拡大局面はいずれ終わる。景気が減速すれば当然、企業の利益も個人の所得も減るから、おのずと税収も減る。恐慌ともなれば、税収は極度に落ち込むことになる。

実際、二〇〇八年の金融危機に伴い、日本の税収は大きく減少した。二〇〇七年度に五一兆円あった税収は、二〇〇九年度には三八・七兆円となった。税収の激減をカバーするため、国債発行は増える。二〇〇八年度に二五・三兆円だった新規国債発行額は、二〇〇九年度には三三・二兆円、二〇一〇年度には四四・三兆円と大幅に増額された。

次回の恐慌では、世界的にも二〇〇八年の金融危機時に比べ景気対策の効果が見込めないと考えると、税収の落ち込みはより深刻なものになる可能性が高い。国債も、さらなる乱発が予想される。景気対策の効果が見込めない以上、景気回復による財政の改善も期待できない。日本の財政は、いよいよ立ち行かなくなる。

国の税収の推移

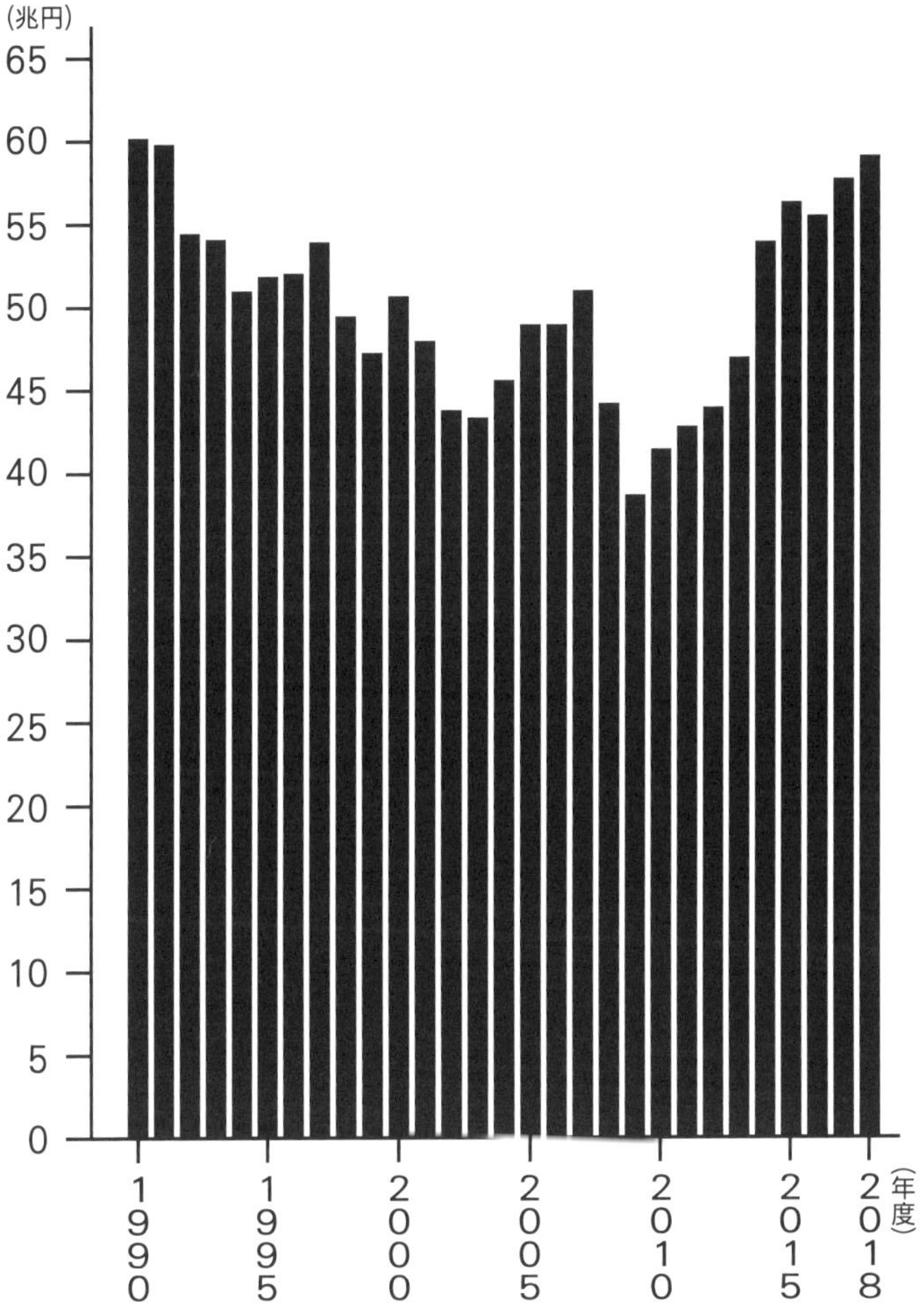

(注) 2016年度までは決算、17年度、18年度は見積もり

出所：財務省

二〇二五年、ついに国家破産

恐慌を経て、日本の財政がいよいよ行き詰まるのはおそらく二〇二五年頃だろう。この頃には団塊の世代がついに後期高齢者（七五歳以上）になる。全人口に占める七五歳以上の割合は約一八％に達し、六五歳以上の割合に至っては約三〇％に達する。当然、社会保障費は急増する。二〇一七年度で約一二〇兆円にのぼる社会保障給付費は、二〇二五年度には一四八・八兆円に達するという。八年で三〇兆円近く増えるのだ。

現在、すでに社会保障費は一般会計予算の約三分の一を占め、わが国の財政を圧迫している。二〇二五年にかけての社会保障費の膨張は、わが国の財政をパンクさせるリスクを秘めている。社会保障費の膨張により歳出の拡大は避けられない。税収が多少増えたとしても、到底賄えない。不足分は国債発行を増やして賄うことになる。

新規国債発行額の推移

（当初予算ベース）

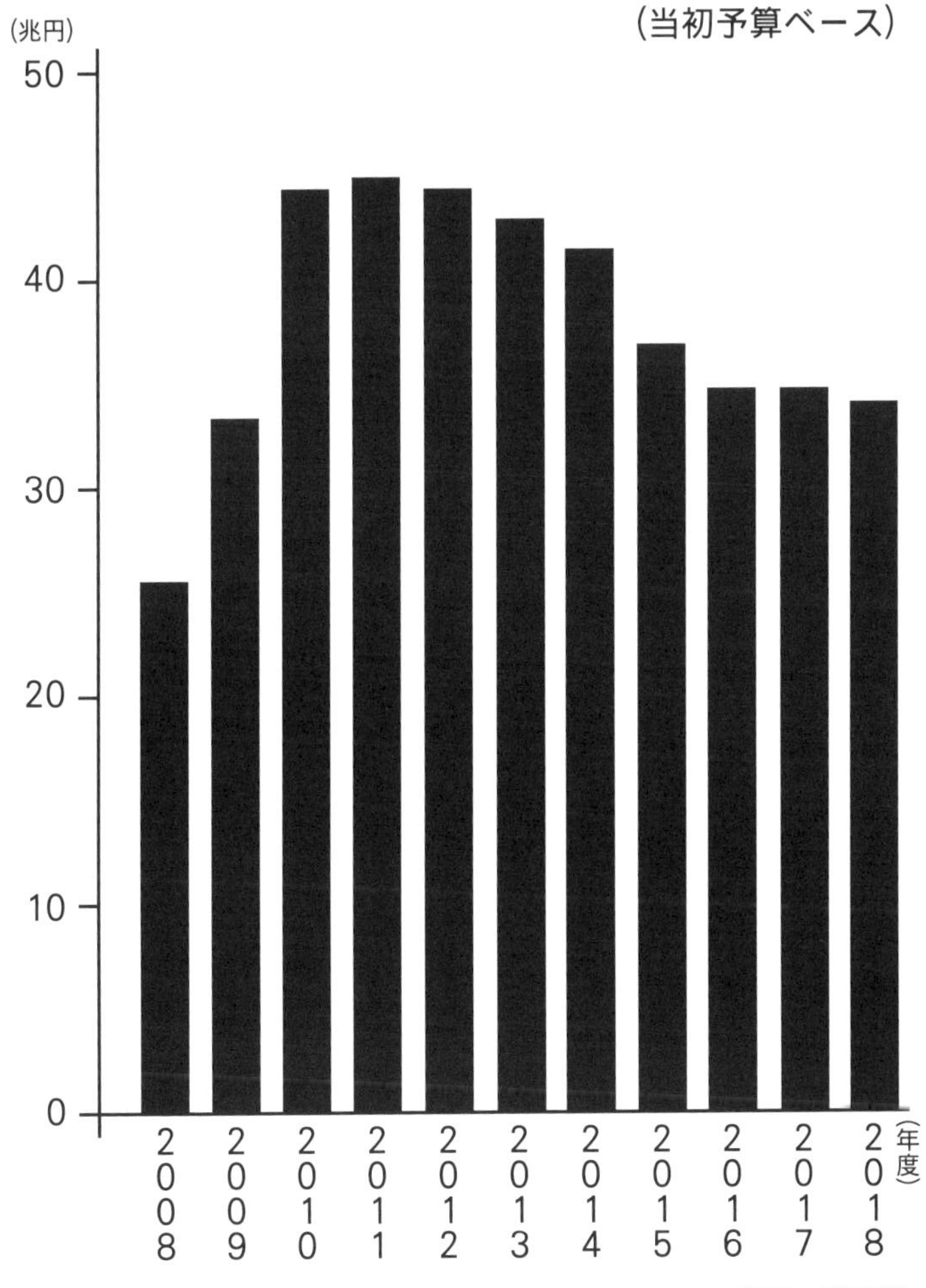

出所：財務省

国家破産前夜のこの頃になると、歳出の膨張に歯止めがかからなくなり、景気対策という名のカンフル剤はますます効かなくなる。いよいよ、日本の国家破産は誰の目にも明らかとなる。

国家破産は国民破産——国家が破産するとどうなるか？

「国家破産と言っても、破産するのは国だから、個人には関係ない」というわけには行かない。いや、むしろ国が破産すれば困難に直面するのは国民の方なのだ。では、国が破産すると何が起きるのか？　過去の事例も取り上げつつ確認して行こう。

■国債の暴落（金利の急騰）

通常、国が破産すると国債価格は暴落する。国債は政府が発行する借用証書である。満期が来れば、政府が必ず返還するという信用の下に発行されるわけだから、国家破産により政府の信用が低下すれば国債を買う人が減り、売る人が増えるから、国債価格が暴落するのは当然だ。

国債暴落により金利が急騰し、借り入れをしている個人や企業は一気に窮地に立たされる。金融機関も保有する国債価格の下落により、財務が悪化する。金融機関の貸し出し余力は低下し、貸し渋りや貸し剥がしが急増する。こうして借り入れの多い企業や個人は資金繰りが困難になり、破産に追い込まれる。

このように、金利上昇は借り入れをしている主体つまり債務者を厳しい状況に追い込む。では、わが国で最大の債務者は誰か？　それこそ日本国政府である。何しろ一〇〇〇兆円を超える借金だ。ほんのわずかでも金利が上がれば、利払い負担は大きく膨らむ。巨額の利払い費は財政をますます圧迫し、予算を組むために国債のさらなる増発を余儀なくされる。

しかし、信用力が劣り価値の低下した国債は、相当高い金利を付けなければ誰も買ってくれない。金利はますます上昇し、それがますます財政を悪化させ、さらなる国債増発を促し、さらに信用力が低下するという悪循環に陥る。

それでも国債を買ってくれる人がいるうちはまだ良い。借金まみれになろうが、自転車操業になろうが、予算を組み国債の利払い、償還を続けることはできる。しかし、高い金利を付けても国債が十分に売れなくなれば、瞬く間に資金不足に陥り、財政は行き詰まる。こうなると、国債はデフォルト（債務不履行）になる。借金の元本ないし利息が約束通りに返済されなくなるわけで、国債保有者は大きな損失を被る。

ただし、日本の場合、財政が破滅的ではあるものの、デフォルトは起こらない可能性はある。正確には、強引にデフォルトを起こさないようにすると言うべきだろうか。現在、わが国は黒田日銀による量的緩和の一環で巨額の国債を買い続けている。日銀が公表している営業毎旬報告によると、二〇一八年三月末時点でその残高は四四八兆円に達している。今や、国債発行額の四割以上を日銀が保有しているのだ。

現在は、〝国債買いオペ〟という金融政策として市場から国債を買い付けているが、この異常な額の国債買付は日銀による事実上の財政ファイナンスと見る向きも少なくない。財政ファイナンスとは、政府が発行した国債を中央銀行が直接引き受けることである。中央銀行が発行する通貨で政府の借金の穴埋めをするわけで、わが国では国債の直接引き受けは財政法第五条で禁止されている。ただし、同法第五条には「特別の事由がある場合において、国会の議決を経た金額の範囲内では、この限りでない」との但し書きもあり、今後も日銀が国債を買い続け、政府の借金の穴埋めをするシナリオも十分考えられる。そのため、日本がデフォルトしない（させない）可能性はあるわけだ。

「だったら、良いではないか」と思われるかもしれない。日銀が国債をバンバン引き受けることで国家破産も回避できるのであれば、これほど楽なことはない。そもそも財政再建も緊縮財政も必要ない。しかし、賢明な読者の方ならおわかりだろう。こんな甘い話が通用するはずがないということを。

■ハイパーインフレ（通貨の暴落）

そもそも、なぜ、国債の直接引き受けが禁止されているのか？　それは財政規律が失われ、自国通貨の価値が暴落するリスクがあるからだ。日銀が政府の「財布」と化せば、通貨の増発に歯止めがかからなくなる。一万円札は所詮、紙キレだ。乱発すれば、「この紙キレには一万円の価値がある」と誰もが信じることで成り立つ信用は崩壊する。つまり、一万円札にはもはや一万円の価値がなくなるわけだ。通貨の暴落は物価の暴騰という形で顕在化する。極端なインフレ、つまりハイパーインフレである。

国債の直接引き受けを行なえば当面、国債のデフォルトを回避することはできるかもしれないが、日本円や日本という国自体に対する国内外からの信用は失われる。そうなれば、日本円も日本国債も日本株も、まともな価格では誰も買ってくれなくなる。ハイパーインフレの結果、見かけ上の価格は高くなっても、インフレを考慮した実質価値は大暴落となる。

日銀は現在、国債だけでなくETFやREITなどの形で株や不動産まで保有している。これらの保有資産が暴落することにより、日銀の資産は劣化する。その結果、発行通貨（日本円）の価値はますます下落することになる。

こうして物価は高騰し、為替は円安になる。物価が何倍、何十倍になったり、為替相場が一ドル＝五〇〇円や一〇〇〇円などという極端なインフレや円安が起こりうる。そんなこと、「あまりにも大げさだ。あり得ない」と思う人もいるだろう。無理もない。通常では確かにあり得ない話だ。しかし、歴史を振り返れば、信じられないような極端なハイパーインフレ（通貨の暴落）は何度も起きているのだ。

第一次世界大戦後のドイツのインフレは特に有名で、物価はわずか一年半で一兆％（一〇〇億倍）も暴騰した。「遠い歴史上の昔話」と侮ってはいけない。わが国でも、第二次世界大戦中および戦後にかけ物価が数百倍に高騰するハイパーインフレに見舞われている。最近でも、ジンバブエで信じがたいハイパーインフレが起きている。二〇〇九年のインフレ率は六五×一〇の一〇七乗％に達したという。これは、二四・七時間で物価が二倍になるペースだ。つまり、ほぼ毎日、物価が二倍になるということだ。また、今まさにハイパーインフレの渦中にあるのがベネズエラだ。二〇一八年二月時点のインフレ率は六一四七％である。同国の議会は、インフレ率が年内に一三万一九八五％に達すると推測している。一年間で物価が約一三〇〇倍になるということだ。

このように、誤った政策をとれば、現代でもハイパーインフレは起きるのである。

■預金封鎖

ある程度の資産を持っている人にとって、非常に恐ろしいのが預金封鎖だ。預金の引き出しや海外送金が一定額に制限される。日本では一九四六年（昭和二一年）に預金封鎖が行なわれた。正式名を「金融緊急措置令」と言い、当時の新聞には「けふから預金封鎖」と大きく報じられた。敗戦直後の日本はまさに国家破産状態であった。物資が極度に不足し、ハイパーインフレに見舞われる中、インフレ対策の名目で預金封鎖が行なわれたのである。

同年二月、突如として国民の全預金が封鎖され、新円切換が行なわれた。封鎖された預金から引き出せる新円は、一ヵ月あたり世帯主が三〇〇円、それ以外の家族は一〇〇円（三月三一日からは世帯主も一〇〇円）に制限された。約二年半続いた預金封鎖の間、インフレが進行したため預金の価値は大幅に目減りした。

さらに、課税価格一〇万円超の個人資産に対して財産税がかけられた。超過累進課税の仕組みで、最高税率はなんと九〇％というすさまじい重税であった。こうして多くの国民が財産を失い、戦前からの中産階級や資産家は一気に没落したのである。

二〇〇一年にはアルゼンチンでも預金封鎖が行なわれている。一三〇〇億ドルを超える公的債務を抱えデフォルト寸前という状況の中、同年一二月、やはり突然、預金封鎖が行なわれ、預金の引き出しは週に二五〇ドル（約二万七五〇〇円）、海外送金は貿易を除き一ヵ月一〇〇〇ドル（約一一万円）までに制限された。当時、アルゼンチンは一ドル＝一ペソの固定相場制を取っていたが、すでに国民の多くは自国通貨ペソを信用しておらず、米ドルで預金していた。この米ドル預金もターゲットにされた。一ドル＝一・四ペソのレートで強制的にペソに交換されたのである。

その後、変動相場制に移行したペソは一時、一ドル＝四ペソ近くまで暴落した。こうして、多くの中流階級の人々が資産を失い、生活に困窮したのである。

＊　＊　＊

恐慌が人々の生活を破壊するように、国家破産もやはり人々の生活を滅茶苦茶にする。国家破産と言っても、本当に困るのは国家ではなく、国民なのである。そういう意味では、国家破産とは「国民破産」に他ならないと言えよう。

そして二〇二五年頃、この恐るべき国家破産が、まるで大津波のように私たちの住む日本に襲いかかるだろう。

第六章　資産家は恐慌時に生まれる!!

恐慌に怯えるか、それとも立ち向かうか

突然だが、一つの思考実験をしてみよう。もしあなたが道を歩いていて、突然猛り狂う猛獣に出くわしたらどうするか？　クマでもライオンでも、はたまた猛毒の大蛇でもよいのだが、いずれにせよ敵は今にも襲いかからんとこちらをにらみつけ、致命傷も免れないかもしれないという状況だ。

おそらく、この本を読んでいる方のほとんどは、恐怖に足はすくみ、敵を直視できず、なんとか大けがをしないようにその場をやり過ごそうとするだろう。

では、もう一つの条件を加えてみる。もしその猛獣が、近所の動物園から逃げ出した大変貴重な動物で、もし捕まえることができたら莫大な懸賞金がもらえるとしたらどうだろうか。おそらく、それでもほとんどの人は危険を冒して猛獣を捕まえることはしないだろう。

しかし、こうした状況であっても、日頃から周到に準備し、また経験を積ん

で対応ができる人であれば、この猛獣を軽々といなし、なんとなれば捕まえて莫大な懸賞金を手にすることだろう。もちろん、そうした条件を満たせる人はそうはいないが、しかし決して無理な話ではない。

かなり稚拙なたとえで申し訳ないが、恐慌や国家破産を生き残るということは、この猛獣との遭遇というシチュエーションにある意味でよく似ている。猛獣の種類にもよるが、背格好や力の強さ、はたまた弱点や必要な道具などをわきまえていれば、普通の人でもかなりの対処が可能となる。対処ができれば莫大な懸賞金を得る可能性もある。恐慌や国家破産も、どんなことが起き、それが個人の生活や資産にどんな影響をおよぼすか、そしてどんな道具立てがあれば命や資産を守れるかを理解し、そして日頃からきちんと備えていれば、普通の人でもかなりの対処が可能となる。さらには、その激動の状況を逆手に莫大な資産を築くことも可能となるだろう。

しかしながら、たいていの人は次の曲がり角で猛獣に出会うことはまず考えないし、数年後に恐慌や国家破産が襲いかかることも考えていない。となれば当然突然の状況に立ち向かうこともできず、ただ恐怖に打ち震えるしか術がなくなる。懸賞金はおろか、命すら失いかねないのは当たり前の道理である。

本書はここまで、いかに世界恐慌の到来が目前まで迫っているか、そしてそれが私たちにどんな事態をもたらすのかを細かく見てきた。ここまで読み進めていただいた読者の皆様は、おそらく恐慌の何たるかをかなり理解していただいたと思う。であれば、ぜひ恐慌に立ち向かい、そしてその後到来する国家破産をも笑って乗り切る術も身につけていただきたいと考えている。

そこで本章では、恐慌そして国家破産という「猛獣」をいかにいなし、さらにはそれを逆手に資産を倍増させるかについて具体的な処方箋を解説して行く。これを活用して、世界的な大恐慌時代をたくましく乗り切っていただきたい。

手を打て、備えよ、早く逃げろ!!

早速だが、実践的対策の前にまずはあなた自身をアップデートしていただきたい。最初にもっとも基本的なことを指摘しておこう。前章まで見てきた通り、もはや世界は「恐慌前夜」と言ってよい状況にある。

したがって、①あなたの頭の中を先んじて危機モードに切り替え、危機意識を持って準備行動を始めることを意識していただきたい。これから紹介する有事の処方箋は、私の長年の国家破産研究や恐慌研究から導き出されたいずれも有用な方法と自負しているが、とにかく実践しなければまったく意味がない。しかも、コトが差し迫ってからでは手遅れになるものがほとんどである。「これは」と感じた対策であれば、すぐにでも手を打っていただきたい。

こうした対策一つひとつには、それなりに意味があり、また逆に勘所を間違えてはまったく意味をなさなくなることもある。さらに、状況が刻々と変化し、短期的には一八〇度真逆の対応を行なわなければならない局面もある。となれば、やはり自分一人で準備するよりも、②頼れる専門家と信頼できる情報源を確保することが重要だ。

さらに、③同じ目的意識を持った同士を確保することができれば、イザという時にも互いに助け合うことができ、何かと心強い。私は会員制の二つのクラブを長年主宰し、有力な情報源を確保しまた会員様の交流の一助も担ってきたが、こうしたクラブの活用はもっともわかりやすく取り組みやすい方法であり、一考に値する。私のクラブだけでなくとも、信頼できる情報筋や頼れる同士を見いだすことはできるだろう。ぜひ意識的に情報収集をしていただきたい。

また、社会が最悪の情勢となった時に備えて、④一時的でもよいから究極の逃げ場所を確保しておくことも重要である。自分の居場所や資産のありかにこだわって、結果逃げ遅れて命を危機にさらしたのではまったく意味がない。まずは命あってのものだね、健全で冷静な判断ができるようにしておくことだ。

資産防衛に向けた備え

では、いよいよ実践編に移ろう。前章で見た通り、恐慌時にはマネーの価値が著しく上昇する。言い方を変えれば、現金以外の資産はほとんどが減価する。

株式や不動産は暴落の憂き目に遭い、現物資産も同様にその価値を大きく失うだろう。したがってその対策は単純明快、すべて「現金化」するということだ。

また、恐慌時には資産家や機関投資家を含め、あらゆる人々がリスク性資産からの逃避を図るようになる。端的な例では経済基盤がぜい弱で高金利な新興国の通貨は暴落し、一方で経済が相対的に強く、地政学リスクなどが少ない先進国通貨は上昇することになる。こうした原理に従うならば、恐慌対策は「低リスク資産の保有」となる。

ただ、現物資産の中で唯一例外的に強い資産がある。それは金（ゴールド）だ。「有事の金」という言葉がある通り、金は有事の際には世界中のリスク回避マネーが集まってくる。極めてリスクの低い資産クラスの一つとみなされているのだ。人類の数千年の歴史において、史実に残る限り恐慌そして国家破産といった経済的大混乱において、金が資産価値を失ったことは一度もない。金は、どの時代においてもその資産性を常に高く評価され、それゆえに人類に普遍的とも言ってよいほど絶大な信用力を持っているのだ。

しかし、金はそれほどまでに強力な資産維持への信仰があるため、時に保有がデメリットになることもある。詳しくは後述するが、「没収」リスクがあり、本当の有事には偽造品も大量に出回るため、お金の代わりに使うことが事実上難しくなるのだ。

また、イザという時持ち運んで避難しようにも可搬性が悪い。こうしたことを総合すると、金は全資産のせいぜい一割程度までに留めておくのが得策だ。もちろん、保有をするなら現物に限る。業者に保管を依頼したり、あるいは純金積み立てやETFなどで保有する手もあるが、こうしたものは有事に即時没収されたり、あるいは引き出し不能になったりとリスクが高い。現在すでにこうした形で保有している方は、なるべく早く現物化することをお勧めする。

次に、仕事を持っている人、自営業や事業を行なっている人にとって極めて重大なことは「リストラ」や「倒産」への対策を行なうことだ。もし、あなたが自営または事業を行なっているのならば、恐慌時にも生き残れるよう二の手、三の手を真剣に検討すべきだ。ここで詳しくは説明しないが、実は恐慌時にも

実践的対策

1. 株や不動産、現物資産は
なるべく現金化すること

2. 例外として金は保有しても良い。
ただし全資産の2割程度まで

3. 自営者や事業主は、
恐慌に強い事業の検討も行なう

4. サラリーマンは、副業や転職を検討するか、
あるいはなにがなんでもリストラされない
対策を打つ

5. 自宅にまとまった現金を持つ。
ただし隠し場所を万全に

6. 海外口座とデビットカード機能付き
ATMカードは強力なツールとなる

7. スリや強盗、空き巣や
押し入りへの対策を行なうこと

8. 自宅の要塞化も行なう

比較的強い仕事や職種というものは存在する。イザという時に今の仕事で乗り切れるかをよく吟味し、必要に応じて恐慌対策の事業も準備しておくことを強くお勧めする。実際、私も自社の事業について、恐慌や国家破産時にどの程度耐えうるか、またそうした時に必要となる事業は何かを常に考え、またいつでも着手できるように準備を行なっている。

また、あなたがサラリーマンであれば、まずあなたの会社や業種が恐慌に持ちこたえられそうか真剣に振り返ってみることだ。もし、会社が生き残れる可能性が高そうなのであれば、何が何でもリストラに遭わないよう、あらゆる手立てを講じることだ。余人に代われない技能や知識を身に着け、真面目に仕事に取り組むといった基本的なことのみならず、社長や上役に気に入られ、同僚や部下からも信望を得るといったことも極めて重要だ。

もし、残念ながらあなたの会社の生き残りが心許ないのならば、アルバイトや副業、あるいは転職も視野に入れよう。「お世話になっている会社に悪いから」などと義理立てしても、イザという時会社があなたを助けてくれる保証はない。自分自身が生き残るために、必死になって対策を打とう。

また、恐慌で世の中がパニックに陥ると、ちょっとしたきっかけで取り付け騒ぎが起き、それによって金融機関が引き出し制限をするといったことが起きる。最近では二〇一五年七月に銀行閉鎖が行なわれたギリシャや二〇一三年に預金封鎖が実施されたキプロスがまだ記憶に新しいが、経済の混乱が予見されれば、国民が取り付けに動く前に政府が先回りするのが世の常である。せっかく資産を現金化しても、それをすべて銀行に預けておいたのでは事実上身動きがとれなくなってしまう。

これに対策するには、大まかに二つのやり方がある。一つは、あらかじめまとまった現金を引き出しておき、自宅や信頼できる保管先に預けておくことだ。この時、重要な注意点がある。まず、自宅など自分の身近に保管するのであれば、とにかく強盗や空き巣などのリスクに徹底的に対策を打つことである。二—三〇〇キログラム程度の金庫では、手慣れた泥棒なら簡単に持ち出せてしまうし、目につくところに設置しようものなら「ここに財産がありますす」と知らせているようなものだ。設置するなら一トン級の重量、基礎や壁面にアンカーボルトで固定でき、バールや特殊工具でもこじ開けられない特殊な構造を持つ「防盗金庫」にするか、そうでなければまず決して気付かれない場所に隠し金庫を設置するかだ。

また、自宅以外の信頼できる保管先も有効だが、銀行の貸金庫はやめた方がよい。預金封鎖や引き出し制限に伴って貸金庫も一時的に凍結される恐れがあるためだ。さらに、もし国家破産になった場合はさらに深刻で、入っている財産が丸ごと没収される危険性もある。政府の監視が厳しい金融機関の貸金庫より、素性は確かだが財産の保管と結びつかないような業者の保管庫などの方が、こうした有事にはかえって使える場合もある。

もう一つのやり方が、何を隠そう「海外口座」である。海外に預金口座を開き、そこに資産の一部を預け入れておくだけというものだが、これが意外と使い出があるのだ。国内金融機関が引き出し制限や預金封鎖されていても、海外口座は日本国外のルールで動いているため、影響を受けず普通に使える可能性が高いのだ。また近年では、海外の金融機関で口座を開設するとデビットカード機能付きのＡＴＭカードが発行されることも多くなった。これを一枚持っておけば、つど現金を引き出すのでなく、デビットカードで普通に買い物を行なうこともできる。

極めて基本的かつ重要なことが、治安悪化への対策だ。現在の日本は世界トップクラスの優良な治安を誇る国だ。私たちはその安全・安心を当たり前に享受しているが、実はこれは世界的に見てもとても特異な、そして恵まれた状況である。しかし世界的な恐慌そして国家破産という事態になれば、倒産や失業によって貧しい人が街に溢れかえる。公共施設や街路なども一度荒れ始めればそれを復元する予算がなく、荒れ放題になってしまう。治安は加速度的に悪化し、スリや強盗に遭う、空き巣に入られるといったことが日常茶飯事になる。

そうした危険な目に遭わないためには、常に危機意識を高く持つことが重要だ。出歩く時にはスリや強盗への対策を万全にし、イザという時は少額をすぐに出して逃げられるようにすべきだ。また、自宅には警報設備や防犯ガラス、監視カメラなどを導入して要塞化を図りたい。とにかく油断は禁物、〝命あってのものだね〟であることを肝に銘じよう。

国家破産対策と恐慌対策は正反対の部分がある

本書のテーマは「恐慌」であるため、国家破産対策については詳しくは取り上げないが、恐慌対策とも関連する内容であるため、少しだけ触れておこう。

まず、日本がいよいよ国家破産になった時は、恐慌時とはベクトルが正反対になる部分があることに特に注意を要する。具体的には、日本円建て、日本国内の資産は極めて危ない。せっかく恐慌に備えて株や不動産を現金化しても、恐慌から国家破産に突入した時、円建て資産がすべて吹き飛んでしまう。

したがって、もし恐慌の到来によって幸いにも資産を減らさなかったとしても、そこで油断してはいけない。次なる国家破産という事態までの適切な時期を見極めて、機動的に日本円から別の資産に移し替えることが極めて重要だ。

当然、移し替え先が株なのか不動産なのか、はたまた金（ゴールド）や貴金属類などの現物資産なのかによっては、資産価値の保全性能にかなりの違いがあることを理解しておく必要がある。

恐慌時、国家破産時に共通してもっとも有効な防衛法は、「外貨建て」「海外資産」で持つことだ。米ドルの現金、海外口座、海外不動産、海外ファンドなどが該当するが、中でも海外口座と海外ファンドは活用次第で非常に強力な有事対策となる。

ピンチを逆手に取る「焼け太り必勝法」とは

さて、ここまで恐慌対策の「基本編」を見てきたが、今一歩話を進めよう。それはピンチを逆手に資産倍増を目指す、いわば「焼け太り必勝法」とでも言うべき方法についてだ。

今しがた、恐慌と国家破産ではまったくベクトルの向きが逆になると説明したが、実はその原理を上手に利用すると、まるで猛獣使いがやすやすと猛獣を従え捕まえるように、莫大な利益をあげ資産を倍増どころか何十倍にも殖やすことすら可能となる。もちろん、ムリして欲張ると大けがをしかねないから、流れにうまく乗ってできる範囲でやることが重要だ。

もしあなたが「焼け太り必勝法」を実践しようと考えるなら、なんとなくやるのではなく、しっかりとした覚悟を持って周到な準備と日頃の反復練習を行ない、いつ「そのトキ」が来てもすぐ動ける状態を作っておく必要がある。

恐慌、そして国家破産という大嵐をうまく利用するには、「機を見て敏なる」ことが何にも勝る。トップアスリートや偉大な演奏家がいつでも最大限のパフォーマンスを出せるのは、日々の鍛錬が怠りないからである。資産運用もまったく同じことだ。いざ恐慌という段になって慌てて今まで一度もやったことがないことを始めても、まず間違いなく失敗する。天気が良い時にランニングやストレッチから体作りを始めるように、世界の金融経済が穏やかなうちに、少しずつ運用経験や取引経験を積み重ねておくことが、攻めの資産運用には必須なのだ。

もっとも手軽な方法「海外ファンド」

私がまずお勧めしたいのが、海外ファンドへの直接投資という方法だ。前述した海外口座は、手堅く安全に海外で資産を防衛するにはうってつけだが、開設には現地訪問が必要なところが多く、また開設後も定期的なメンテナンスが必要となる。また、近年は世界的な低金利のため、利回りが非常に悪く運用面での魅力が薄いのが難点だ。一方、株や不動産などは、運用利回り面での魅力はあるが、これらにはまさに日頃の取引で経験を積み、自分なりの相場観や付き合い方を確立しておく必要がある。

その点、海外ファンドは国内にいながら手続きができ、保有後の維持管理面でも比較的負担が少ない。また、運用面も年率二〇%以上を狙うハイリターン型のものから、低リスクで年五%前後を手堅く狙うものまで、多様な選択肢から選ぶことができる。運用の内容も、金融のプロたちによる世界最先端の技術や新しい収益モデルなど多彩で、自分が市場に参加するよりもはるかに安全で手掛けやすい。さらに、ファンドによっては、恐慌や国家破産というすさまじい状況を切り抜けるのみならず、大きな収益を上げるものまであるのだ。これほど魅力的な世界が他にあるだろうか。

恐慌時の「焼け太り必勝法」に的を絞ろう。実は海外ファンドをお勧めしたが、正確にはその中の「一部のファンド」こそが「焼け太り」に好適なものとなる。世界中には数万とも言われるファンドのうち、ある特殊な運用戦略を基軸にしているファンドこそが世界恐慌を逆手に取るにはもっとも有効である。その運用戦略こそ、「ＭＦ戦略」である。

私の書籍をいくつか読んだことがある方なら、一度は目にしたことがあるかもしれないし、よく熟知している方もいらっしゃることだろう。このＭＦ戦略とは「マネージド・フューチャーズ」戦略の略で、先物（フューチャーズ）取引をある管理手法（マネージド）を使って行なうものだ。実はこの管理手法が

海外ファンドの魅力

① 手続きが容易

② 始めやすく、自分で市場に参加するより安全

③ 様々な特色を持った銘柄から自分に合うものを選べる

④ 海外口座とは異なり、日本にいながらにして始められる

⑤ 恐慌や国家破産を逆手に取る戦略もある

ミソで、一般的には「トレンドフォロー」が用いられることが多い。

「トレンドフォロー」とは、「相場の流れを後追いする」手法で、相場が一定方向にトレンドを形成している場面ではひたすら収益を取ることができるが、相場の転換点では確実に損失を出すという特徴がある。実際のファンドでは相場の方向をコンピュータで管理し、上昇相場では買い、下落相場では売りの自動売買をすることで非常に多くの先物市場に分散投資し効率良く収益を狙う。

先の恐慌的相場といえば、二〇〇八年に一度と称される二〇〇八年のリーマン・ショックと、それに続く金融危機が記憶に新しい。この時、世界中に約数万あるといわれるヘッジファンドもその多くが甚大なダメージを被り、資産を吹き飛ばして解散したファンドも数多くあった。

そうした中にあって圧倒的な成績を残した戦略が二つある。一つは様々な資産の「売り建て」を専門とする「ショートバイアス」戦略、そしてもう一つがMF戦略である。ただ、「ショートバイアス」には大きな難点がある。それは、暴落相場にはめっぽう強いが、平時は常に損失基調という点だ。つまり、仮に

トレンドフォローの原理

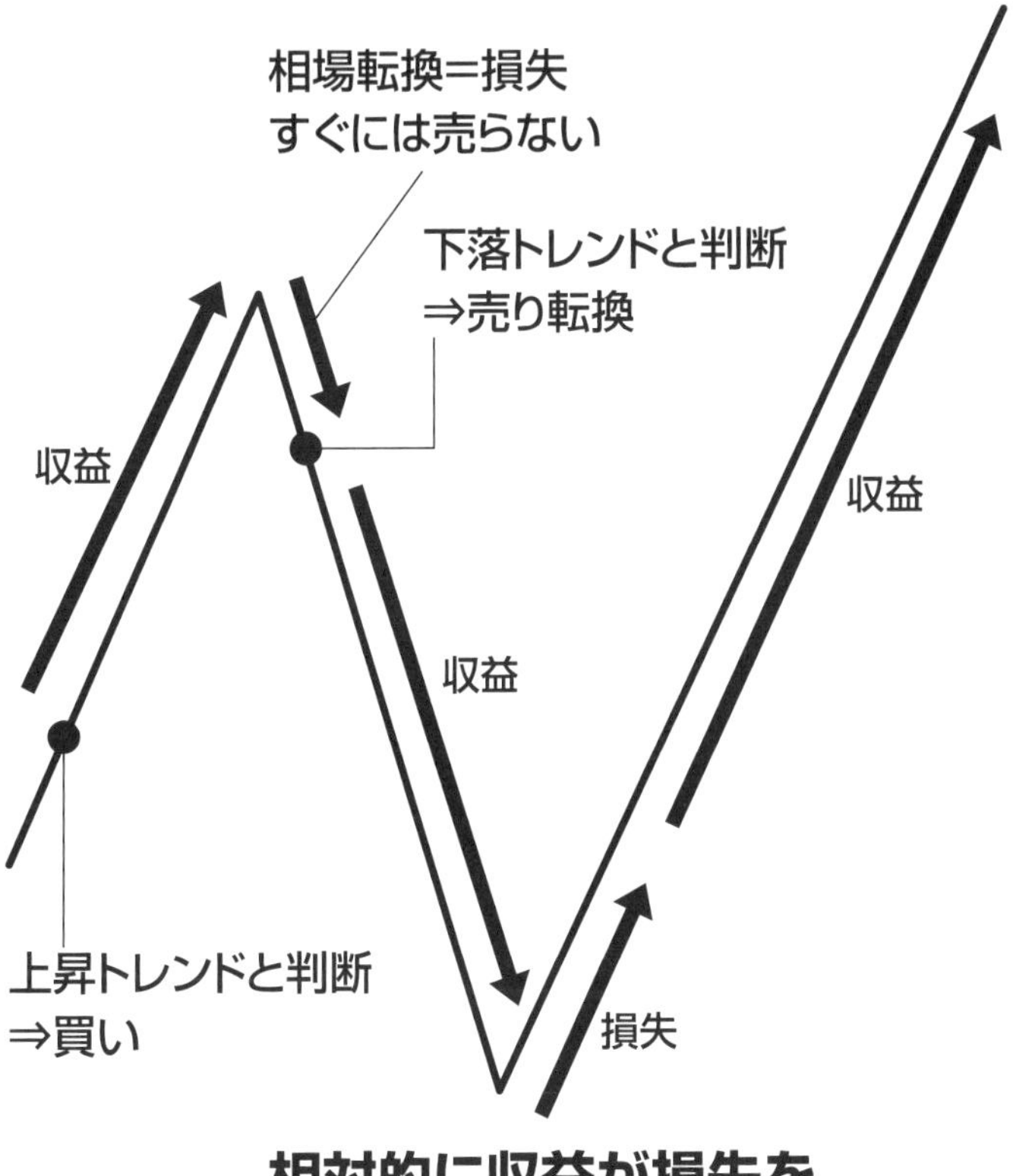

相対的に収益が損失を上回ることを目指す戦略

一〇年に一度程度下落相場が来るとすれば、残り九年は赤字なのである。一般の個人投資家が手出しできるような代物では到底ない。一方でMF戦略は、平時であっても条件が整えば収益を上げるのである。

実はこのMF戦略について、私は一九九〇年代半ばから注目しまた投資もしてきたが、なかなかに興味深い紆余曲折を経ている。東西冷戦終結後、NASAの物理学者たちが一斉に金融業界に流れこみ、折しも爆発的進化を遂げていたコンピュータを駆使して、新しい金融の手法を次々と編み出していた。こうした流れの中で誕生したのがMF戦略である。相場の上げ下げいずれの面でも強みを発揮するとあって、市場では徐々にその実力が認められ、年率二〇%近い成績（当時）を残す英国商社系「Aファンド」をはじめとするMF系主力ファンドには大量の投資資金が集まった。

その勢いは二〇〇八年のリーマン・ショック直後まで続いたが、金融危機での爆発的な収益以降はその勢いがパッタリと止まり、はかばかしい成果を挙げられなくなったのである。先進国の金融緩和で市場環境が大きく変わり、戦略

「Aファンド」のチャート

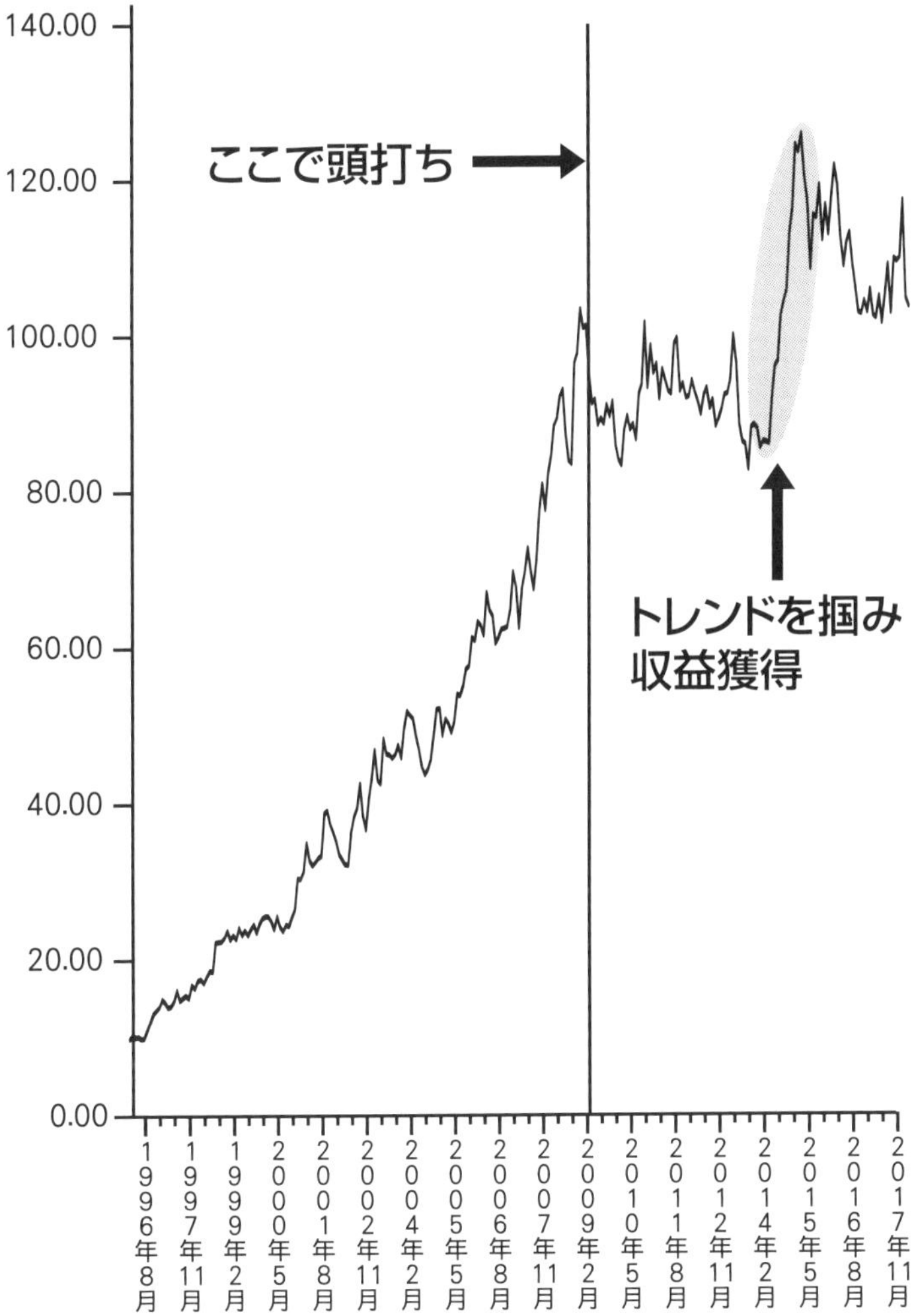
140.00
120.00
100.00
80.00
60.00
40.00
20.00
0.00
ここで頭打ち
トレンドを掴み
収益獲得
1996年8月
1997年11月
1999年2月
2000年5月
2001年8月
2002年11月
2004年2月
2005年5月
2006年8月
2007年11月
2009年2月
2010年5月
2011年8月
2012年11月
2014年2月
2015年5月
2016年8月
2017年11月

が効かなくなってしまったのだ。その様は、二〇三ページに参考掲載した「ＭＦ」の代表的ファンドである英国商社系の「Ａファンド」のチャートを見れば一目瞭然である。

では、もはや「ＭＦ」の時代は終わったのかというと、実はそうではない。その後の動向をつぶさに見て行くと、二〇一四年の後半にかけてＭＦ戦略のファンドが軒並み大きく収益を取っているのだ。これは、米国が金融緩和の出口を模索し始めたことに象徴される、世界経済の「危機対応モード」からの脱却と原油価格の暴落、ユーロ・ポンド安の進行など、明確な市場トレンドが出たことが原因である。

つまりこれは、「ＭＦ」という戦略が時代遅れの「死に体」戦略ではなく、大きな相場が形成される局面ではまだ力を発揮しうる「生きている戦略」であることの証である。次なる恐慌局面では、有事の資産防衛どころか大きく収益を上げる期待すらあるのだ。

また近年のＭＦ戦略のファンドは、平時の収益性や価格の安定性に考慮して単一のMF戦略ではなく複数の戦略をミックスする傾向にある。どのような戦略を混ぜるかによって、他よりも良い成績を挙げるものや市場のトレンドが定まらない時期にも成績を挙げるといった、銘柄ごとの特色が出始めているのだ。

こうした「ハイブリッド型MF」であれば、今から恐慌対策として保有しておくことは極めて有効といえるだろう。実は、私が主宰する会員制投資助言クラブ「ロイヤル資産クラブ」「自分年金クラブ」では、すでにいくつか「進化型MF」の有望銘柄を発掘、研究し、情報提供を開始している。その中でも注目の銘柄について見て行こう。

進化型MF「Fファンド」

米国のファンド会社が運用を行なう「Fファンド」は、「ハイブリッド型MF」の中でも長い運用実績を持ち、米国の機関投資家筋では知る人ぞ知るファンドだ。現在、市場に追随する「トレンドフォロー」の他に、市場の相場転換

チャート

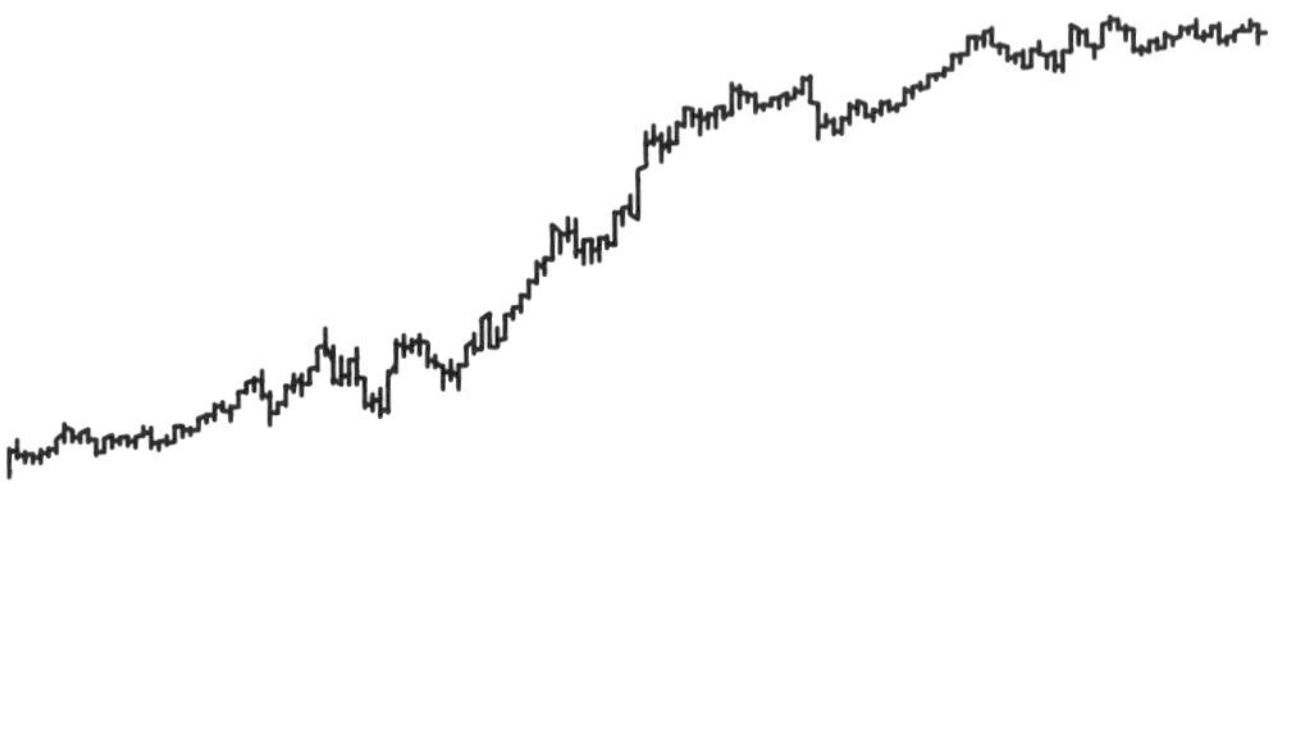

「Fファンド」

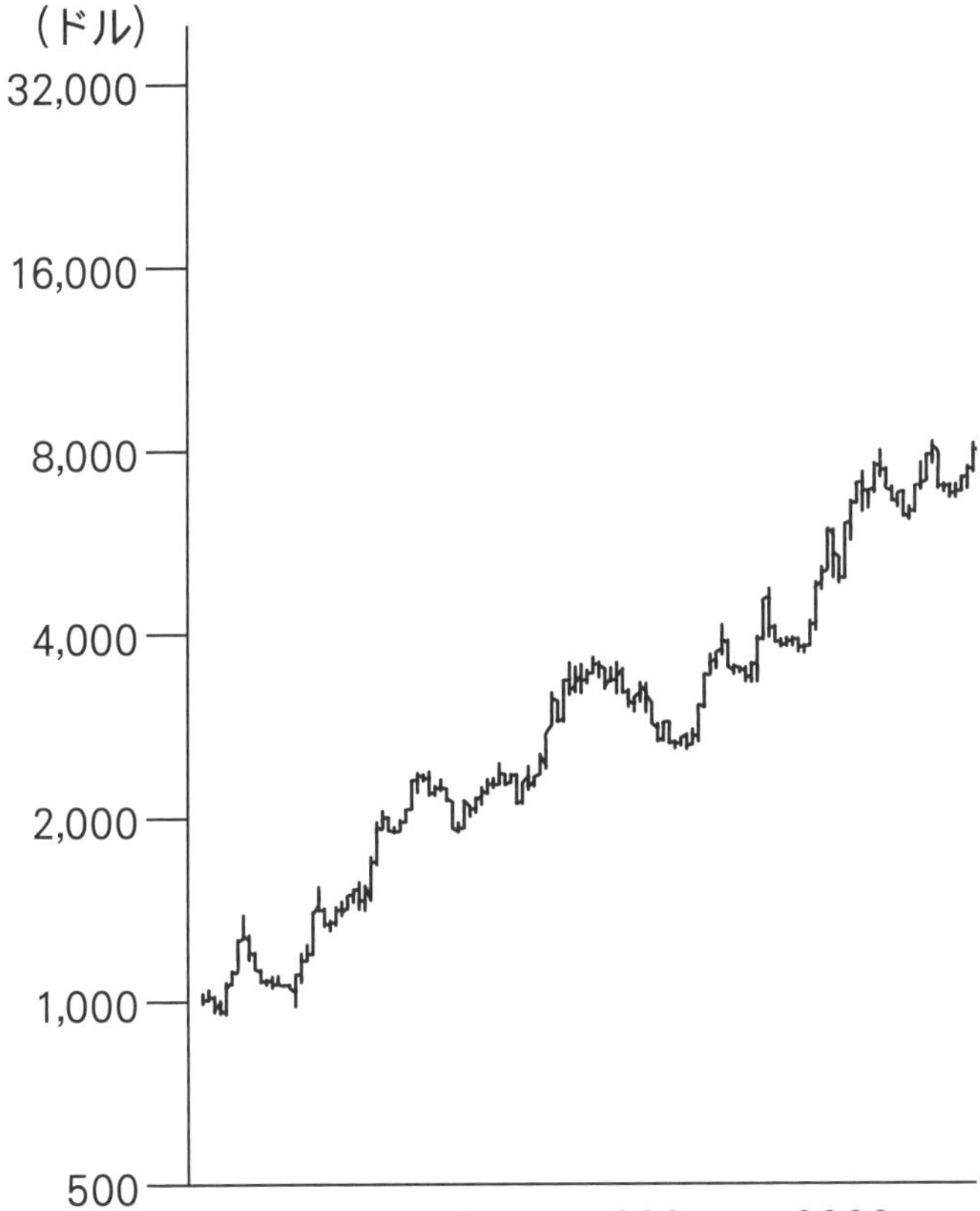

騰落率

7月	8月	9月	10月	11月	12月	年初来
			0.32	1.42	−4.80	−3.14
−5.89	−4.48	−0.29	−0.86	0.24	−0.55	9.71
−4.94	0.18	4.53	−0.56	6.65	2.32	43.25
−0.36	3.66	4.73	11.64	1.98	−1.10	52.42
11.05	−3.23	3.64	3.48	2.25	0.18	−2.36
3.64	8.31	8.53	14.43	−8.41	17.00	48.16
−7.88	2.66	1.45	−6.16	−2.89	1.17	−6.42
−0.14	2.05	−2.91	4.25	11.85	12.53	9.23
−2.82	4.30	10.04	16.18	−10.21	−4.97	12.90
15.28	5.32	17.99	−8.65	−8.98	22.59	56.02
−6.44	−4.04	2.08	−7.42	1.39	9.88	15.58
1.05	5.18	3.98	7.46	4.40	−0.59	19.15
−2.62	0.77	−1.60	−3.52	3.90	−0.50	3.89
−0.40	4.76	−0.85	−0.25	3.43	1.01	7.56
−3.92	−5.09	2.55	5.14	0.62	−0.06	9.21
−4.81	−6.86	0.63	−2.89	10.28	9.26	11.64
0.32	1.82	5.41	−0.91	8.80	−7.38	−0.46
1.47	10.06	−2.58	0.39	−5.23	2.80	34.45
13.13	7.57	0.80	−2.54	2.09	5.90	39.93
8.70	−1.71	−0.50	−3.37	0.89	1.64	7.12
1.13	−2.62	3.60	3.85	1.20	−4.10	−4.68
−0.37	3.72	0.26	1.56	4.03	0.24	19.03
1.00	−3.63	5.20	−1.12	−0.67	−2.76	−3.20
1.51	−2.59	0.02	−5.60	0.33	1.74	7.20
0.19	2.82	−4.01	1.12	1.47	0.40	3.23
						−0.57

「Fファンド」

	1月	2月	3月	4月	5月	6月
1993						
1994	0.01	8.68	6.42	11.93	2.08	−6.29
1995	−1.04	5.05	5.49	2.47	16.25	1.52
1996	−4.16	5.85	9.48	14.00	3.32	−4.33
1997	−5.73	2.12	0.33	−4.21	−10.55	−0.04
1998	4.21	−4.22	3.43	−9.90	8.08	−1.34
1999	−3.94	2.85	0.80	3.01	3.41	−0.26
2000	4.49	−3.95	−9.72	−6.38	7.21	−7.47
2001	4.60	3.73	4.77	−9.53	0.34	−1.06
2002	−1.25	1.70	0.35	−2.93	0.53	8.64
2003	8.73	7.54	−3.22	0.04	10.62	−2.37
2004	0.87	11.48	3.12	−14.15	−0.37	−2.53
2005	−0.20	−0.63	1.00	1.13	2.85	3.55
2006	0.86	−1.28	1.39	1.14	−2.47	0.19
2007	2.42	−1.18	0.83	4.46	2.61	0.97
2008	4.21	6.08	0.53	−8.89	0.76	4.83
2009	−1.00	1.06	0.69	−4.89	−0.55	−2.85
2010	1.77	7.36	1.97	3.80	4.04	5.01
2011	−2.75	3.90	−1.45	9.26	1.26	−1.72
2012	4.24	−1.95	−1.48	1.91	1.62	−2.48
2013	0.27	−0.66	2.80	3.33	−6.39	−6.40
2014	1.74	1.54	−1.29	1.11	4.41	0.76
2015	4.86	0.06	1.32	−3.35	−0.14	−3.53
2016	1.26	7.60	−1.84	−3.77	−0.66	6.86
2017	−1.79	3.88	−1.29	3.00	0.32	−2.60
2018	1.53	−2.06				

を予測する「コントラリアン」、市場の平均回帰性を利用する「ミーン・リバージョン」、さらには先物ではなく現物株式を取引対象にする「株式マーケットニュートラル」という、実に様々な手法を絶妙なバランスで配合して安定的な収益を狙っている。

いずれの手法もコンピュータによる自動判断で運用し、少数精鋭の運用チームがプログラムのチューニングや戦略の見直しなどを行なっている。直近の実績には華々しさはないものの、複数戦略に分散していることで安定的な動きを見せており、また市場トレンドが発生した二〇一四年にはしっかりと実績を上げている。恐慌時にもその力を発揮してくれる期待があるファンドだ。

なお、一般の投資家は「Fファンド」に直接投資ができないため、「ロイヤル資産クラブ」「自分年金クラブ」では「Fファンド」の小口化ファンドである「FFファンド」の情報を提供している。

この他にもいくつか注目のMF系ファンドが存在し、それぞれ特色ある運用戦略を独自のバランスで組み合わせている。ここでは詳細を解説しないが、こうした銘柄が有事にどのような力を発揮してくれるのか、大いに楽しみだ。

テクニックが必要だが王道の「株式投資」

次に、難易度はかなり高いが、うまく流れを掴めさえすれば資産倍増も夢ではないという方法について見て行こう。株式投資である。

私の書籍を以前からお読みいただいた方にとっては、「浅井隆が株式投資⁉」と意外に思われたかもしれない。私はかねてから、国家破産の有事に向けて「株は持つな！」と言い続けてきたからだ。宗旨替えをしたのか、との厳しいご指摘もありそうだが、私はその質問にあえて「半分正解、しかし宗旨替えではない」とお答えしよう。

国家破産対策や恐慌対策において、多くの人たちにとっては資産防衛を図ることが重要である。こうした観点では、株は資産防衛法としては「難しすぎ」る上に「危なすぎ」る。さらには自分なりの相場との向き合い方や取引のテクニックを習得する必要もあり「手がかかりすぎ」るのである。また、それだけのリスクを冒し労力を費やしても、誰もが勝てるというものではない。

その意味で、誰もが実践すべき方法でないどころか、普通の人が手出しをすべきではない方法なのである。したがって、私は引き続き国家破産や恐慌時の資産防衛法として「株はやめなさい」との主張を曲げることはない。

しかしながら、本章冒頭の「猛獣を捕まえる」ごとくピンチを逆手に取る覚悟があり、また多少の軍資金を用意できる人であれば、株式投資こそその野望を実現するもっとも強力な手段の一つとなるのも、また事実である。

投資の世界には、「資産家は恐慌時に生まれる」という言葉がある。まさに言葉の通りで、恐慌という激動期をうまく活用した一握りの人たちが、次の時代の資産家として台頭するということだ。そのことを端的に表す逸話がある。

一九二九年夏、ウォールストリートの路上で「パット・ボローニャ」という少年が働いていた。彼の相手は金融街のエリートビジネスマン、仕事は靴磨きである。折しも「狂騒の二〇年代」も終盤を迎え、連日の株式高騰で街の雰囲気はすっかり浮足立っていた。いや、正しくは米国中が浮足立っていた。

ボローニャ少年は、連日のように金融マンの景気の良い話を聞き続けた結果、自分もすっかり株で一儲けできる気分になっていたが、実際のところ、どの銘柄をどうやって買ったらいいかわからずにいた。そしてある日、少年はついに意を決して常連の「ジョー」にこう切り出した。「旦那、おれも株をやりたい。いい銘柄を教えてくれないか」。

その一言を聞いたジョーは、少年の期待と裏腹に急に深刻な顔つきになり、こう言った。「今日はもう帰るよ。銘柄は後で私が直々に選んであげよう。それまでは絶対に何も買ってはいけないよ」。

それから三ヵ月後の一〇月二四日、それまでの大暴騰から一転して株価は大暴落を始めた。「ブラック・サーズデー」と言われたこの暴落は、その後二五年間も米国株式が最高値を更新できないほど甚大なものとなった。その影響は世界中に広がり、ついには第二次世界大戦の遠因ともなった。世界は、これをきっかけに世界恐慌へと突き進んで行くのである。

しかし、ボローニャ少年に「何も買うな」と言ったジョーは、この暴落の影響を逃れるどころか、それを逆手に資産を大きく膨らませていた。実は少年の一言に過熱相場の終わりを感じ取ったジョーは、すぐさま会社に戻り従業員に「すべての株を今すぐ売れ！」と命じたのだ。社員の反対は熾烈だったが、彼は決然とそれを実行し、結果として暴落の危機を回避することができた。

それだけではない。相場が底を打つと、今度は返す刀で安値の有力銘柄を一気に買い漁ったのである。これで押しも押されもせぬ全米屈指の資産家に上り詰めたジョーは、経済界や政界にも大きな影響力を持つに至った。その子息は次々と政財界の要職に就き、ついには大統領まで輩出したのである。彼の名はジョセフ・ケネディ、第三五代米国大統領ジョン・F・ケネディの父だ。

この世界恐慌時に資産を殖やしたのは父ケネディだけではない。伝説的相場師、ジェシー・リバモアもこの時に空売りを行ない、当時の金額で一億ドル以上（現在の価値では四〇〇〇億円と言われる）を稼ぎ出している。

また世界恐慌から遅れること一年、一九三〇年に日本で起きた昭和恐慌でもやはり大きく財を成すものたちが現れた。三菱、住友、三井、安田といった財閥がその地位を築いたのも、この恐慌が契機である。

先の金融危機でも資産家が生まれている。私が二〇一三年に単独取材を行なった米投資家のカイル・バスは、二〇〇七年のサブプライムバブル崩壊から始まる金融恐慌によって、運用資産を約六倍超にも殖やしたという。

伝説的投資家ジョージ・ソロスも、恐慌相場によって莫大な収益を上げた一人だ。ただ彼の場合、恐慌相場を利用するというよりも市場の歪みを突くため、結果的に恐慌的相場を作り出すといったことも行なっている。

これらの資産家たちは、当然ながら膨大な知識と知見、そして豊富な経験があり、当然大勝負に挑むだけの覚悟を持っていた。プロ投資家であるから当たり前ではあるが、もしあなたも同じように恐慌を逆手に取ろうというなら、それなりの覚悟と鍛錬が必要不可欠となるだろう。

ただ、個人の場合はプロと違って自分のペースで取り組むことができることが強みだ。恐慌時には、無理やり高い収益を望まずほどほどのところで勝負をしてもかなりの収益を取ることもできる。大きな相場観と対処法を想定しておけば、平時には想像もできなかったような成果を勝ち取ることも可能だ。

では、恐慌を逆手に取る株式投資とはどんなものか。大まかなシナリオはこうだ。まず、現在保有している株や不動産現物資産などは恐慌直前までに可能な限り現金化をすませておく。暴落のシグナルを察知したら果敢に売りを仕掛け、大底前に離脱する。深追いは厳禁だ。そして大底をやり過ごして相場転換を確認したら、今度は一気に大量買い出動である。市場心理が冷え切り、もはや株などやるものではない、という空気で満ちている時こそ、勝負をかける絶好のタイミングだ。

また、収益機会は個別株だけではない。もちろん個別株だけでも十分な成果は期待できるのだが、銘柄選択によっては大きく明暗が分かれることが難点だ。だが、株価指数や為替、国債などの先物取引も活用すればマーケットの大きな方向性を利用して比較的リスクを抑えながらリターンを狙うことが可能となる。

こうしたシナリオを現実に実行するにおいて最重要となるのは、なんと言っても「タイミング」である。行動するには遅すぎても早すぎてもいけないし、またファンダメンタルだけ見ていてもなかなかその機を掴むことは難しい。恐慌相場は、投資家の集団心理が色濃くにじみ出す。

実はこうした投資家心理は、一部のテクニカル分析での予見が可能だという。そうした分析も総合してタイミングを見計らうことが成功のカギとなるのだ。

私は長年、恐慌対策と国家破産対策を研究する中で、ファンダメンタル面の知見を広めてきたが、一方で投資家心理を読み、タイミングを占う方法についても模索を続けてきた。そしてこのほど、「カギ足」という分析手法を使って投資家心理を見事に紐解く専門家、川上明氏の知見を得ることに成功した。

氏は経済の大きなトレンドだけでなく、個別株の分析にも優れた手腕を発揮しており、これからの恐慌相場を活用する上で非常に強力な情報を提供してくれるだろう。そこで私は、積年温め続けていた「恐慌を逆手に資産倍増」を目指す新しい会員制組織の立ち上げを決意し、二〇一八年四月に発足にこぎつけた。

こうした情報は大多数の方に提供するにはなじまないものであるため、今のところ少人数限定での運営としている。恐慌時の株式投資はリスクも高く、一般の大多数の方にはお勧めしないが、「焼け太り必勝法」の中核的な方法に関心があるという方は、まだ若干の席が残っているのでお問い合わせいただきたい（二三八ページ参照）。

現物資産は「金」（ゴールド）＋αで万全の対策を

先ほど「資産防衛編」のところで、恐慌対策そして国家破産対策にも通用する現物資産が「金」（ゴールド）であることに触れた。しかし実は、金には大きな弱点がある。それは恐慌時にはあまり顕在化しないのだが、国家破産時や北朝鮮問題、中国の海洋進出など極東情勢の緊迫化次第で日本から一時的に避難することを想定した場合に、一気に顕在化するのである。果たして、それはどんな点なのか。

まず、金は可搬性に劣る。たとえば一キログラムの金地金を持ってみると、思いの外重く感じる。これを、五本まとめて持つと、その実感は通常の五キログラムの荷物の比ではないのだ。これは実際に経験してみないとわからないと思うが、これが一〇キログラムを超えるようになると、とてもではないが長時間の運搬に耐えるようなものではなくなる。

また、当然ながら金属であるため、税関などの金属探知機に反応する。現在のところ、空港などのゲートで金を指摘されることはあまりないが、実は探知機はしっかりと捕捉できているのである。たとえば、有事の際に金を持って国外避難しようと思っても、ほぼ確実に捕捉されることになるのだ。

さらに、金は資産性の高さゆえ政府当局も躍起になって捕捉する。すでに金取引業者には台帳での売買管理を徹底させており、いずれこれを使って所有者をあぶりだすこともできるのだ。こうした国家レベルの金没収は、実際に一九三三年の米国でも起きている（大統領令六一〇二）。「国家が資産没収なんて」と鼻で笑う話ではない。むしろ、十分に用心すべきことである。

だからと言って金の有用性を全否定するものではない。資産の一部を金で持っておくことは、相変わらず恐慌・国家破産対策として有効である。問題は金ばかりに頼りすぎることだ。

では、金の他に有望な現物資産はあるのだろうか。実は、あるのである。正しくは最近発見したというべきだが、金の弱点を補う有効な現物資産が、あるルートを使えば入手可能なのだ。それは、「ダイヤモンド」である。

ダイヤモンドを持つべき理由と注意点

なぜダイヤモンドなのかを簡単に見て行く。まず、ダイヤモンドはその資産価値に対して極めて小さく、軽く、持ち運びが容易だ。たとえば一カラット（〇・二グラム）のダイヤモンドの国内平均買い取り額は六〇万円弱程度であるのに対し、金は一グラムが約五〇〇〇円（二〇一七年一〇月現在）と約六〇〇倍もの開きがある。また、ダイヤモンドは炭素でできているため、金属探知機などにも反応しない。金と同様に物質としての安定性も相当に高く、劣化もしないため保管性も高い。

さらに、ダイヤモンドは基本的に多くの国で「宝飾品」として認知されている。つまり、金のように当局が保有状況を捕捉し、場合によっては没収対象とする可能性が低いということなのだ。実際、日本国内でダイヤモンドを資産として当局が捕捉した事例は、私が知る限りほとんどない。おそらく有事の際にも、同様の対応となる可能性は高いと考えられる。

このように、戦争や天災、国家破産などの究極の有事に際しては、金とダイヤモンドが資産防衛法として互いの欠点を補いあう極めて優秀な組み合わせであることがおわかりいただけるだろう。むろん、ダイヤモンドも完璧ではない。いくつかの注意点があり、また入手に当たってはちょっとしたコツがいる。

まず、ダイヤモンドは一般的に「宝飾品」の位置づけであり、金のように「お金」に準じるものとしては扱われていない。そのため、簡単に言えば買った額より高く売れる可能性や、どこでもいつでも換金できる流動性は金には劣る。

もし、良質なものを適正な価格（デパートの価格の三分の一から四分の一）で買ったとしても、売る時には七割程度になるということを心得ておくべきだ。もちろん、有事であればそれでも十分に資産防衛の用をなす。減価分は必要経費と割り切ることが重要だ。

次に注意すべきは、紛失である。「なにをバカな⁉」とお考えになるかもしれないが、実は多くの専門業者が必ずこれを強調するほど、紛失は多いそうだ。とにかく軽く小さく、また金属探知機も効かないため、一度失くすと出てこない可能性はかなり高い。専用のケースに入れていてもケースごと失くすという話もある。

他にも、意外な点では保管場所には要注意である。冷蔵庫や冷凍庫に貴重品を保管するという人もいるだろうが、低温下で変色した例があるとのことだ。またダイヤモンドは炭素でできているため、八〜九〇〇度を超えると表面が気化し始め最後はなくなる。しかも熱伝導率が高く、直火でなくとも高温下で焼失する危険がある。自宅での保管には、極端な温度下にさらされない工夫が必要だ。

金とダイヤモンドの特徴

■異なる特徴

金	ダイヤモンド
重い	軽い
有事の際没収対象になりうる	捕捉・没収の可能性は低い
金属探知機などで発見可能	機械での検知は比較的難しい

■似た特徴

・稀少性が高い

・物質として安定性が高い

・時代をまたいで取引が活発になされてきた

成功のカギは「ルース」と「鑑定書」と「業者選び」

ダイヤモンドの資産防衛上のメリットと注意点をご理解いただいたら、いよいよダイヤモンド保有の重要なポイントを解説しよう。

まず、資産保全用にダイヤモンドを買う場合、指輪やネックレスなど宝飾品に加工済みのものではなく、「ルース」（石単体）を買うことだ。加工済みのものは加工費やデザイン料、ブランド料が相当上乗せされているため、実際には売る時には非常に安くたたかれてしまうのである。それでも、もし宝飾品として身に着けたいのならば、ルースを買って腕の良い格安の加工業者に作ってもらうとよい。安上がりな上、外して売れば適正価格での換金も期待できる。

また、ダイヤモンドは個々の品質がまちまちで、また鑑定も難しい。したがって、信頼できる鑑定書が付いた、確かな品質のものを選ぶことが重要だ。世界にはいくつか専門の鑑定機関があるが、中でも米国系のＧＩＡ（米国宝石

ダイヤモンド保有時の注意点

1. 買値での売却やキャピタルゲインは期待しない

2. 紛失に特に注意！

3. 火災に注意、冷凍庫での保管もダメ

学会）は広く世界中で通用し、現在のところもっとも汎用性が高い。日本国内ではＡＧＬ（宝石鑑別団体協議会）が鑑定を統括しているが、将来日本国外にダイヤモンドを持って避難することを考えると、国内鑑定機関のものより海外のものの方が有利だろう。

鑑定書が付いていれば基本的には安心だが、やはりその中でも資産防衛に向くダイヤモンド、つまり流動性と資産維持性がより期待できるものを選びたい。その観点では、重さ一カラット〜二カラット、クラリティはＶＳ２以上（ただしフローレス〈無傷〉は扱いが難しくなる可能性があり注意）、カラーはＦ以上、カットはＧｏｏｄ以上のものが望ましい。

なお、こうした条件を満たすものはデパートで買った場合は価格が三〇〇万円程度だが、ダイヤモンド業者のオークション相場はこれより相当安いという。したがって、やり方次第ではより有利に購入することも可能となる。

さて、もっとも重要な点が「どの業者から購入するか」である。もっとも簡単なのは一般の宝石店や百貨店だが、まったくお勧めできない。基本的に著しく割高で、また現金化が困難な場合も存外多い。これでは資産防衛としては使えない。実は、ダイヤモンド流通はかなり特殊性があり、売買には独自のノウハウとコネクションが必要となる。

こうしたノウハウとコネクションを持つ専門業者たちが、取引価格の目安として利用しているものにニューヨークの「ラパポート」というレポートがある。これは業者間の取引価格を定期的にヒアリングし、ダイヤモンドの大きさや品質ごとに平均価格を集計したものである。通常は一般人がその中身を目にすることはできないもので、私は以前特別に見せてもらったことがあるが、ハッキリ言って並んでいる数字を見て衝撃を受けた。なんと、デパートや有名宝飾ブランドの店頭価格の三分の一程度なのである。

さらに、レポートを見せてくれたその業者の方曰く、宝飾品業者が参加するオークションではラパポートの三分の二近い値段で取引される例もあるという。ダイヤモンドなどの宝飾品は、高額で買っても売る時は二束三文というイメージが強いが、こうした流通価格のカラクリがあるとわかれば納得である。さらには、一般の宝飾小売店はオークションマーケットの存在すら知らないところも多いという。こうした小売店の場合、中古品を買い取ってもそれを現金化するルートが乏しく、したがって買い取りをするならとにかく安く買いたたいてリスクを回避する必要があるのだ。

こうした事情を鑑みると、どんなに高品質なダイヤモンドでも、業者選びに失敗すればまったく意味がない。流通価格から大きく離れない価格で販売し、また売却にあたっても適切なルートを複数確保してくれる、信頼できる専門業者を活用することが必須条件なのだ。

私は、かねてから「資産としての宝石」に関心があり、アンテナを張って情報収集を心がけてきたが、このほどこうした条件に見合うルートの確保することに成功した。同様の業者は他にもあるかもしれないが、今のところ私が知りうる限りでこうした優良な業者は日本国内でその一社しか知らない。ダイヤモンドでの資産防衛に興味がある方のために、そうした情報をお伝えする「ダイヤモンド投資情報センター」を開設した。巻末にその情報を掲載しているので、

ダイヤモンド資産防衛 実践法

ルース（石単体）での購入

宝飾品ではなく、
専門業者から購入

GIAの鑑定書付き

1カラット/VS2/F/GOOD
以上の条件

売買ルートが
確保されていること

**全財産の10%程度を
目安に保有する**

ぜひご参考いただきたい。

ところで、金（ゴールド）もダイヤモンドも、現物資産としての魅力は高いが、一方でリスクもあるため、資産全体に占める割合をあまり大きくすることはお勧めしない。現物資産の代表である金については、全財産の一〇〜二〇％程度が望ましいと考えるが、ダイヤモンドはそれより少なく一〇％程度が妥当であろう。

また、大きいダイヤモンドを一つ買うより、小粒のダイヤモンド（と言っても一カラット以上）を複数持つやり方の方が良い。大きいものより小口で現金化でき、また万が一の紛失へのリスク分散にもなるためだ。

企業も恐慌時こそチャンス

恐慌時には個人だけでなく企業も委縮し、経済活動を控えたり、事業を撤退、リストラを行ない、なるべく経費削減を行なうものである。

しかし、もし「焼け太り必勝法」の考え方を応用するなら、企業も同様に危機の時にこそ積極投資に打って出るべきである。同業他社が一斉にリストラや緊縮財政を敷いている恐慌時であればなおさらのこと、一歩抜きんでる千載一遇の好機となるのだ。もし潤沢な内部留保を持っているのなら、誰もが苦境に立っている時期にこそ徹底的に攻勢をかけたい。

世界最先端の素材企業の一つ東レは、ＩＴバブルが崩壊した二〇〇一年に創業以来初の営業赤字を出した。この時、緊急の経営対策会議が開かれたが、経営陣が決定したのはリストラや工場の閉鎖ではなく、Ｒ＆Ｄ（研究開発）費用の増額だった。普通の感覚なら、赤字に沈むこの時期に、わざわざ回収に時間のかかるＲ＆Ｄを厚くするなどあり得ないことである。

しかし東レは、自分たちが闘う業界、自社の立ち位置をよくわかっていた。斜陽とささやかれた繊維業界にあって、新たな高付加価値商品を生み出せないことはすなわち死を意味する。一方、素材分野の基礎技術は著しい進展を見せていた。目先の赤字に惑わされることなく、研究開発を継続することこそが会社の生き残りに必要なことだったのである。

その後、東レは次々と素材分野を席捲する商品を世に送り出す。すでに炭素繊維ではその名を知られていたが、二〇〇六年のボーイング社との長期契約によって、世界のリーディングカンパニーの仲間入りを果たした。二〇〇三年にはユニクロとの共同開発で保温効果の高い被服素材「ヒートテック」を開発、大ヒットを飛ばしている。東レが開発する高付加価値の繊維は、今や再生可能エネルギーや生命科学の分野にまでその適用範囲を広げている。株価は、二〇〇〇年当時の約三倍にまで伸びた。

一九二九年の世界恐慌では、大多数の企業が支出を削減する中、一般消費財の世界企業P&Gや自動車のフォード、朝食シリアルのケロッグなどは逆に広告宣伝費を増やして他社を圧倒、絶大なブランドを築いた。

恐慌時の企業行動を考えれば、広告宣伝費はイの一番に削減される経費である。なにしろ短期的には売り上げに影響を与えず、しかもかなり大きな財務的効果をもたらすからだ。しかし、恐慌時にも広告宣伝を落とさず、逆に徹底的な広告攻勢に出たこれらの企業は、圧倒的な顧客認知とブランドへの絶対的ともいえる信頼感、安心感を獲得したのである。

実はこうした事実は、もはやマーケティングの分野では新しい常識になりつつある。もちろん、こうした優良企業は恐慌時に広告を打ったから優良企業になったのではない。恐慌時にも広告を継続できる強力な財務を持つ優良企業だったということなのだが、それでも市場心理が冷え切っているところに勝負をかけるのは並大抵の度胸ではない。

しかし勝負とは、常にそういうものである。他人がやらない時に、あえて一歩を踏み出す。それが「焼け太り必勝法」の要なのだ。

結果を出すのは、実践した人だけ

恐慌というピンチを逆手に取って、大きな成功を目指すには積極投資がカギであることを見てきた。当然リスクもそれなりに大きくなるが、しかしよく考えてみて欲しい。人生とは挑戦の連続であり、常に何らかのリスクと向き合っているものだ。一見、そんなリスクにさらされているという実感がない人でも、突然事故に遭ったり、天災が訪れたりして生活が一変することもある。

世界一の大富豪ビル・ゲイツの名言に「リスクを取らないことが最大のリスク」という言葉がある。フェイスブックの創業者マーク・ザッカーバーグや電気自動車ベンチャーのテスラモーターズの創業者イーロン・マスクも同様のことを言っているが、まったくその通りである。

激動の時代にリスクを恐れて「守り」の姿勢になり、実際に有事が到来してから慌てふためくよりも、積極的にリスクを取って、経験と成功を掴む方が生き残りの可能性は広がる。負いきれないリスクを負うことはないが、本書の読者の皆様にはぜひ恐慌に挑み、そしてそれぞれの成功を勝ち取っていただくことを切に願う。

エピローグ

どんな時代でも家族と財産を守るために

今回だけは違う——人類史上、数あまたのバブルが発生したが、人々はいつもこの言葉を口ずさみながら、バブル崩壊の阿鼻叫喚の中で全財産を失って行った。不思議なことに、どれほど科学と文明が進歩しようが、人々はまったく同じ誤ちを毎回繰り返す。

史上有名なイギリスの南海バブル事件においても、万有引力発見者で天才的科学者でもあったニュートンが全財産をこのバブルの渦中に投じ、その当然の結果として全財産を失った。そして「万有引力は計算できたが、人々の狂気までは計算できなかった」という意味深長な言葉を残した。私たちだけはこの誤ちを繰り返さないようにしよう。

しかも日本人にとっては、次に来る恐慌はもう一つ別の重大な意味を持つ。それはどういうことか。実は、すでに日本国政府が太平洋戦争末期を超える借金をしてしまったがために、二〇二〇年の大恐慌が導火線の役割を果たして、二〇二五年頃の国家破産を引き起こすということだ。つまり、「恐慌」経由「国家破産」というダブルの大惨事が私たちを待ち受けているのだ。

そして、こうしたすべての出来事の最終章として世界を待ち受けているものは何か。賢い読者はすでにお気付きのことだろう。そう、「最後はお決まりの戦争」なのだ。もちろんその時期はまだ早いが、一〇年後、二〇年後にはそうしたすさまじい時代に突入していることだろう。

そうした時代においてあなたが自分の財産と家族を守るためには「戦略家」としての能力を高めなければならない。そのためにもぜひ、このエピローグ以下の巻末ページを参考にしていただきたい。今後、お互い力を合わせて日本と各個人を守って行く方策を、共に考えて行ければ幸いである。

二〇一八年五月吉日

浅井　隆

浅井隆からの重要なお知らせ

――国家破産を生き残るための具体的ノウハウ

浅井隆の「株投資クラブ」がついに始動！

現在の日本および世界のトレンドは、一〇年前の金融危機がまるで嘘のように好調を維持しています。一方、来たるべき次の危機（世界恐慌や重債務国の破綻）への懸念も高まっています。こうした「激動と混乱」の時代は、多くの人たちにとっては保有資産の危機となりますが、「資産家は恐慌時に生まれる」という言葉がある通り、トレンドをしっかりと見極め、適切な投資を行なえば資産を増大させる絶好の機会となります。

浅井隆は、長年の経済トレンド研究から、いよいよ大激動に突入する今この時期こそ、むしろ株投資に打って出る「千載一遇のチャンス」であると確信し、皆様と共にピンチを逆手に大きく資産を育てるべく、株に関する投資助言クラブの設立を決意しました。

アベノミクス以降、日本の株は堅調に上がってきましたが、実はあと一歩の上昇余地があり、二〇一八年春～夏から二〇一九年前半にかけて最高値を試す展開になる可能性があります。次に、二〇一九年後半～二〇年にかけて世界恐慌、日本の国家破産といった有事により株価が暴落する可能性があります。しかしながら、その後の日本株は高インフレで長期上昇を見せることになるでしょう。詳細は割愛しますが、こうしたトレンドの転換点を適切に見極め、大胆かつ慎重に行動すれば、一〇年後に資産を一〇倍にすることすら可能です。

このたび設立した「日米成長株投資クラブ」は、現物株式投資だけでなく、先物、オプション、国債、為替にまで投資対象を広げつつ、経済トレンドの変化にも柔軟に対応するという、他にはないユニークな情報を提供するクラブです。現代における最高の投資家であるウォーレン・バフェットとジョージ・ソロスの投資哲学を参考として、割安な株、成長期待の高い株を見極め、じっくり保有するバフェット的発想と、経済トレンドを見据えた大局観の投資判断を行なうソロス的手法（日経平均、日本国債の先物での売り）を両立することで、大激動を逆手に取り、「一〇年後に資産一〇倍」を目指します。

銘柄の選定やトレンド分析は、私が信頼するテクニカル分析の専門家、川上明氏による「カギ足分析」を主軸としつつ、長年多角的に経済トレンドの分析を行なってきた浅井隆の知見も融合して行ないます。川上氏のチャート分析は極めて強力で、たとえば日経平均では二八年間で約七割の驚異的な勝率をたたき出しています。

会員の皆様には、当クラブにて大激動を逆手に取って大いに資産形成を成功させていただきたいと考えております。なお、貴重な情報を効果的に活用するため少数限定とさせていただきたいと思っております。ぜひこのチャンスを逃さずにお問い合わせ下さい。サービス内容は以下の通りです。

1．浅井隆、川上明氏（テクニカル分析専門家）が厳選する低位小型株銘柄

の情報提供
2．株価暴落の予兆を分析し、株式売却タイミングを速報
3．日経平均先物、国債先物、為替先物の売り転換、買い転換タイミングを速報
4．バフェット的発想による、日米の超有望成長株銘柄を情報提供
詳しい連絡は「㈱日本インベストメント・リサーチ」まで。
ＴＥＬ：〇三（三二九一）七二九一　ＦＡＸ：〇三（三二九一）七二九二
Ｅメール：info@nihoninvest.co.jp

厳しい時代を賢く生き残るために必要な情報収集手段

日本国政府の借金は先進国中最悪で、ＧＤＰ比二五〇％に達し、太平洋戦争終戦時を超えて、いつ破産してもおかしくない状況です。国家破産へのタイムリミットが刻一刻と迫りつつある中、ご自身のまたご家族の老後を守るためには二つの情報収集が欠かせません。

一つは「国内外の経済情勢」に関する情報収集、もう一つは「海外ファンド」に関する情報収集です。これについては新聞やテレビなどのメディアやインターネットでの情報収集だけでは絶対に不十分です。私はかつて新聞社に勤務し、以前はテレビに出演をしたこともありますが、その経験から言えることは「新聞は参考情報。テレビはあくまでショー（エンターテインメント）」だということです。インターネットも含め誰もが簡単に入手できる情報で、これからの激動の時代を生き残って行くことはできません。

皆様にとってもっとも大切なこの二つの情報収集には、第二海援隊グループ（代表　浅井隆）で提供する「会員制の特殊な情報と具体的なノウハウ」をぜひご活用下さい。

〝恐慌および国家破産対策〟の入口「経済トレンドレポート」

最初にお勧めしたいのが、浅井隆が取材した特殊な情報をいち早くお届けする「経済トレンドレポート」です。浅井および浅井の人脈による特別経済レポートを年三三回（一〇日に一回）格安料金でお届けします。経済に関する情報提供を目的とした読みやすいレポートです。新聞やインターネットではなかなか入手できない経済のトレンドに関する様々な情報をあなたのお手元へ。さらに恐慌、国家破産に関する『特別緊急情報』も流しております。「対策をしなければならないことは理解したが、何から手を付ければよいかわからない」という方は、まずこのレポートをご購読下さい。レポート会員になられますと、様々な割引・特典を受けられます。

詳しいお問い合わせ先は、㈱第二海援隊まで。

TEL：〇三（三二九一）六一〇六　FAX：〇三（三二九一）六九〇〇

恐慌・国家破産への実践的な対策を伝授する会員制クラブ

国家破産対策を本格的に実践したい方にぜひお勧めしたいのが、第二海援隊の一〇〇％子会社「株式会社日本インベストメント・リサーチ」（関東財務局長（金商）第九二六号）が運営する三つの会員制クラブです。

私どもは、かねてから国家破産対策に極めて有効な対策として海外ファンドに注目し、二〇年以上に亘り世界中の銘柄を調査してまいりました。しかも、海外ファンドの中には様々な金融環境に適応して魅力的な成績を上げるものもあり、資産防衛のみならず資産運用にも極めて有用です。

その情報とノウハウを元に、各クラブではそれぞれ資産規模に応じて厳選した銘柄を情報提供しています（「プラチナクラブ」〈金融資産五〇〇〇万円以上〉「ロイヤル資産クラブ」〈同一〇〇〇万円以上を目安〉「自分年金クラブ」〈同一〇〇〇万円未満を目安〉）。参考までに、二四五ページに各クラブの代表的な銘柄の直近の数字を挙げています。その中でも「ＡＴ」ファンドは、ゼロ金利のこの時代に年六％～七％程度の成績を極めて安定的に上げており、国家破産対策のみならず資産運用のベースラインとしても極めて魅力的です。その他にも多様な戦略を持つ魅力的なファンド情報を随時提供しております。

また、海外ファンド以外にも海外口座や現物資産の活用法など、財産防衛・資産運用に有用な様々な情報を発信、会員様の資産に関するご相談にもお応え

ファンド名	年利回り	年率リスク	最低投資額
F-1	13.38% (2014年9月〜2018年3月)	4.61%	5万ドル
S-CBR	13.72% (2013年7月〜2018年3月)	6.29%	10万ドル
QE	10.04% (2014年2月〜2018年3月)	22.92%	10万ドル
豪AT	8.24% (2009年8月〜2018年3月)	0.39%	2.5万ドル
AT	7.54% (2009年8月〜2018年3月)	0.38%	2.5万ドル
NP	12.72% (2011年3月〜2018年3月)	10.71%	2.5万ドル

プラチナクラブ（金融資産五〇〇〇万円以上）

ロイヤル資産クラブ（金融資産一〇〇〇万円以上目安）

自分年金クラブ（金融資産一〇〇〇万円未満目安）

しております。浅井隆が長年研究・実践してきた国家破産対策のノウハウを、ぜひあなたの大切な資産防衛にお役立て下さい。
詳しいお問い合わせは「㈱日本インベストメント・リサーチ」まで。
TEL：〇三（三二九一）七二九一　FAX：〇三（三二九一）七二九二
Eメール：info@nihoninvest.co.jp

「ダイヤモンド投資情報センター」

現物資産を持つことで資産保全を考える場合、小さくて軽いダイヤモンドは持ち運びも簡単で、大変有効な手段と言えます。近代画壇の巨匠・藤田嗣治は第二次世界大戦後、混乱する世界を渡り歩く際、資産として持っていたダイヤを絵の具のチューブに隠して持ち出し、渡航後の糧にしました。金《きん》だけの資産防衛では不安という方は、ダイヤを検討するのも一手でしょう。

しかし、ダイヤの場合、金《きん》とは違って公的な市場が存在せず、専門の鑑定士がダイヤの品質をそれぞれ一点ずつ評価して値段が決まるため、売り買いは金《きん》に比べるとかなり難しいという事情があります。そのため、信頼できる専門家や取扱店と巡り合えるかが、ダイヤモンドでの資産保全の成否の分かれ目です。

そこで、信頼できるルートを確保し業者間価格の数割引という価格での購入が可能で、ＧＩＡ（米国宝石学会）の鑑定書付きという海外に持ち運んでも適正価格での売却が可能な条件を備えたダイヤモンドの売買ができる情報を提供いたします。

また、資産としてのダイヤモンドを効果的に売買する手法をお伝えする、専門家によるレクチャーを二〇一八年一〇月一三日（土）に開催いたします。

ご関心がある方は「ダイヤモンド投資情報センター」にお問い合わせ下さい。

ＴＥＬ：〇三（三二九一）六一〇六　担当：大津・加納

『浅井隆と行くニュージーランド視察ツアー』

南半球の小国でありながら独自の国家戦略を掲げる国、ニュージーランド。浅井隆が二〇年前から注目してきたこの国が今、「世界でもっとも安全な国」として世界中から脚光を浴びています。核や自然災害の驚異、資本主義の崩壊に備え、世界中の大富豪がニュージーランドに広大な土地を購入し、サバイバル施設を建設しています。さらに、財産の保全先（相続税、贈与税、キャピタルゲイン課税がありません）、移住先としてもこれ以上の国はないかもしれません。

そのニュージーランドを浅井隆と共に訪問する、「浅井隆と行くニュージーランド視察ツアー」を二〇一八年一一月に開催致します（その後も毎年一一月の開催を予定しております）。現地では浅井の経済最新情報レクチャーもございます。内容の充実した素晴らしいツアーです。ぜひ、ご参加下さい。

TEL：〇三（三二九一）六一〇六　担当：大津

近未来の通貨を提案「ビットコイン（仮想通貨）クラブ」

動きが激しい分、上昇幅も大きく、特に二〇一七年は「仮想通貨元年」と日本で言われたこともあり、二〇一七年初めから一二月までビットコインの価格は約二〇倍にもなっています。また、ビットコインに次ぐ第二番目の時価総額を誇る「イーサリアム」は、二〇一七年初めから同じく一二月まででなんと約一〇〇倍にもなっています。このような破壊的な収益力を誇る仮想通貨を利用するための正しい最新情報を「ビットコイン（仮想通貨）クラブ」では発信します。

二〇一七年一一月スタートした「ビットコイン（仮想通貨）クラブ」では大きく五つの情報提供サービスをいたします。一つ目は仮想通貨の王道「ビットコイン」の買い方、売り方（ＰＣやスマホの使い方）の情報。二つ目は仮想通貨の仕様や取り巻く環境の変更についての情報（分岐や規制、税制など）。三つ目は詐欺の仮想通貨の情報、四つ目は仮想通貨取引所の活用時の注意点についての情報。最後五つ目は仮想通貨のその他付属情報や最新情報です。

「ビットコイン（仮想通貨）クラブ」では、仮想通貨の上昇、下落についての投資タイミングの助言は行ないません。しかし、これまで仮想通貨は拡大を続けると同時にその価値を高めていますので、二、三年の中、長期でお考えいただくと非常に面白い案件と言えるでしょう。「よくわからずに怖い」という方も

ＰＣやスマホの使い方から指導の上、少額からでも（たとえば一〇〇〇円からでも）始めることができますので、まずは試してみてはいかがでしょうか。

東京・大阪にて、年二回ほどセミナーを行なっております。すでに二〇一八年一月に行ないましたので、次回は大阪・二〇一八年八月三〇日（木）、東京・九月一日（土）を予定しております。

詳しいお問い合わせ先は「ビットコイン（仮想通貨）クラブ」

ＴＥＬ：〇三（三二九一）六一〇六　ＦＡＸ：〇三（三二九一）六九〇〇

浅井隆のナマの声が聞ける講演会

著者・浅井隆の講演会を開催いたします。二〇一八年は名古屋・一〇月一九日（金）、大阪・一〇月二六日（金）、東京・一一月二日（金）を予定しております。国家破産の全貌をお伝えすると共に、生き残るための具体的な対策を詳しく、わかりやすく解説いたします。

いずれも、活字では伝わることのない肉声による貴重な情報にご期待下さい。

第二海援隊ホームページ

また、第二海援隊では様々な情報をインターネット上でも提供しております。詳しくは「第二海援隊ホームページ」をご覧下さい。私ども第二海援隊グループは、皆様の大切な財産を経済変動や国家破産から守り殖やすためのあらゆる情報提供とお手伝いを全力で行ないます。

また、浅井隆によるコラム「天国と地獄」を一〇日に一回、更新中です。経済を中心に、長期的な視野に立って浅井隆の海外をはじめ現地生取材の様子をレポートするなど、独自の視点からオリジナリティ溢れる内容をお届けします。

ホームページアドレス：http://www.dainikaientai.co.jp/

改訂版!!「国家破産秘伝」「ファンド秘伝」必読です

浅井隆が世界を股にかけて収集した、世界トップレベルの運用ノウハウ（特に「海外ファンド」に関する情報満載）を凝縮した小冊子を作りました。実務レベルで基礎の基礎から解説しておりますので、本気で国家破産から資産を守りたいとお考えの方は必読です。ご興味のある方は以下の二ついずれかの方法でお申し込み下さい。

①現金書留にて一〇〇〇円（送料税込）と、お名前・ご住所・電話番号および「別冊秘伝」希望と明記の上、弊社までお送り下さい。

②一〇〇〇円分の切手（券種は、一〇〇円・五〇〇円・一〇〇〇円に限ります）と、お名前・ご住所・電話番号および「別冊秘伝」希望と明記の上、弊社までお送り下さい。

郵送先　〒一〇一―〇〇六二　東京都千代田区神田駿河台二―五―一
住友不動産御茶ノ水ファーストビル八階　株式会社第二海援隊「別冊秘伝」係
TEL：〇三（三二九一）六一〇六　FAX：〇三（三二九一）六九〇〇

〈参考文献〉

【新聞・通信社】

『日本経済新聞』『読売新聞』『毎日新聞』『朝日新聞』『日経金融新聞』

『日経ヴェリタス』『日経テレコン』『ブルームバーグ』『ロイター』

『フィナンシャル・タイムズ』『AFP』『時事通信社』

【書籍】
『維摩経解釈』（谷口雅春・日本教文社）
『リーマン・ショック　元財務官の回想録』（篠原尚之・毎日新聞出版）

【拙著】
『2003 年、日本国破産〈海外編〉日本がだめならニュージーランドがあるさ！』（第二海援隊）
『世界中の大富豪はなぜ NZ に殺到するのか !?〈上〉』（第二海援隊）
『2017 年の衝撃〈上〉』（第二海援隊）『2014 年日本国破産〈警告編〉』（第二海援隊）
『第２のバフェットか、ソロスになろう !!』（第二海援隊）
『2018 年 10 月までに株と不動産を全て売りなさい！』（第二海援隊）
『世界恐慌前夜』（第二海援隊）『日銀が破綻する日』（第二海援隊）
『有事資産防衛 金か？　ダイヤか？』（第二海援隊）
『元号が変わると戦争と恐慌がやってくる !?』（第二海援隊）

【論文】

『大恐慌とドルの減価政策』（塩谷安夫・千葉敬愛経済大学元教授）

【その他】

『ロイヤル資産クラブレポート』『週刊エコノミスト』『週刊東洋経済』


【ホームページ】

フリー百科事典『ウィキペディア』

『ウォールストリート・ジャーナル電子版』『フォーブス』

『IMF』『BIS』『FRB』『NATIONAL BUREAU of ECONOMIC RESEARCH』

『内閣府』『財務省』『日本銀行』『総務省統計局』『厚生労働省』

『全国銀行協会』『日経ビジネスオンライン』『ZUU online』『iFinance』

『Yahoo! Finance』『現代ビジネス』『SankeiBiz』『東洋経済』『JB PRESS』

『新潮社フォーサイト』『日本不動産研究所』『QUICK』『ビズハック』

『三井住友アセットマネジメント』『ニッセイアセットマネジメント』

『みずほ総合研究所』『駒澤大学経済学部 小林研究室』『Realestate.co.nz』

『CoreLogic』『MIRAIMO』『日経平均株価 予想』『PILES GARAGE』

『人民網』『中央日報』『ビットコイン研究所ブログ』『みんなの仮想通貨』

〈著者略歴〉
浅井　隆　（あさい　たかし）
経済ジャーナリスト。1954年東京都生まれ。学生時代から経済・社会問題に強い関心を持ち、早稲田大学政治経済学部在学中に環境問題研究会などを主宰。一方で学習塾の経営を手がけ学生ビジネスとして成功を収めるが、思うところあり、一転、海外放浪の旅に出る。帰国後、同校を中退し毎日新聞社に入社。写真記者として世界を股に掛ける過酷な勤務をこなす傍ら、経済の猛勉強に励みつつ独自の取材、執筆活動を展開する。現代日本の問題点、矛盾点に鋭いメスを入れる斬新な切り口は多数の月刊誌などで高い評価を受け、特に1990年東京株式市場暴落のナゾに迫る取材では一大センセーションを巻き起こす。その後、バブル崩壊後の超円高や平成不況の長期化、金融機関の破綻など数々の経済予測を的中させてベストセラーを多発し、1994年に独立。1996年、従来にないまったく新しい形態の21世紀型情報商社「第二海援隊」を設立し、以後約20年、その経営に携わる一方、精力的に執筆・講演活動を続ける。2005年7月、日本を改革・再生するための日本初の会社である「再生日本21」を立ち上げた。主な著書：『大不況サバイバル読本』『日本発、世界大恐慌！』（徳間書店）『95年の衝撃』（総合法令出版）『勝ち組の経済学』（小学館文庫）『次にくる波』（PHP研究所）『Human Destiny』（『9・11と金融危機はなぜ起きたか!?〈上〉〈下〉』英訳）『あと2年で国債暴落、1ドル＝250円に!!』『いよいよ政府があなたの財産を奪いにやってくる!?』『2017年の衝撃〈上〉〈下〉』『すさまじい時代〈上〉〈下〉』『世界恐慌前夜』『あなたの老後、もうありません！』『日銀が破綻する日』『ドルの最後の買い場だ！』『預金封鎖、財産税、そして10倍のインフレ!!〈上〉〈下〉』『トランプバブルの正しい儲け方、うまい逃げ方』『世界沈没——地球最後の日』『2018年10月までに株と不動産を全て売りなさい！』『世界中の大富豪はなぜＮＺに殺到するのか!?〈上〉〈下〉』『円が紙キレになる前に金を買え！』『元号が変わると恐慌と戦争がやってくる!?』『有事資産防衛 金か？ ダイヤか？』『第２のバフェットか、ソロスになろう!!』『浅井隆の大予言〈上〉〈下〉』（第二海援隊）など多数。

2020年世界大恐慌

2018年6月22日　初刷発行

著　者　浅井　隆
発行者　浅井　隆
発行所　株式会社　第二海援隊
〒101-0062
東京都千代田区神田駿河台２-５-１　住友不動産御茶ノ水ファーストビル８Ｆ
電話番号　03-3291-1821　　ＦＡＸ番号　03-3291-1820

印刷・製本／中央精版印刷株式会社

 ISBN978-4-86335-188-2

Printed in Japan

第二海援隊発足にあたって

日本は今、重大な転換期にさしかかっています。にもかかわらず、私たちはこの極東の島国の上で独りよがりのパラダイムにどっぷり浸かって、まだ太平の世を謳歌しています。

しかし、世界はもう動き始めています。その意味で、現在の日本はあまりにも「幕末」に似ているのです。ただ、今の日本人には幕末の日本人と比べて、決定的に欠けているものがあります。それこそ、志と理念です。現在の日本は世界一の債権大国（＝金持ち国家）に登り詰めはしましたが、人間の志と資質という点では、貧弱な国家になりはててしまいました。それこそが、最大の危機といえるかもしれません。

そこで私は「二十一世紀の海援隊」の必要性を是非提唱したいのです。今日本に必要なのは、技術でも資本でもありません。志をもって大変革を遂げることのできる人物と、それを支える情報です。まさに、情報こそ〝力〟なのです。そこで私は本物の情報を発信するための「総合情報商社」および「出版社」こそ、今の日本にもっとも必要と気付き、自らそれを興そうと決心したのです。

しかし、私一人の力では微力です。是非皆様の力をお貸しいただき、二十一世紀の日本のために少しでも前進できますようご支援、ご協力をお願い申し上げる次第です。

浅井　隆